ヨーロッパ
おもしろ鉄道文化

ところ変われば鉄道も変わる

海外鉄道サロン編著

交通新聞社新書 030

はじめに

よく言われることであるが、鉄道は、その国とか地域の自然や産業・社会・文化と密接に結びついて発展してきている。そのため列車に乗車すれば、沿線の風景が楽しめるだけでなく、車内の人たちの行動様式や言語・服装・食事などから民族や文化の違いを直接感じ取ることができる。また駅の雰囲気もその国の鉄道文化を反映している。つまり、鉄道は国や地域の縮図と言えよう。

ホームに列車の発車音楽が鳴り響き、車内では丁寧な案内放送が流れ、列車は時刻表どおり正確に運行していく日本の鉄道。それが当たり前のことと、特に違和感もなく鉄道を利用している日本人。そんな日本人がヨーロッパで鉄道を利用してみると、日本の鉄道と異なる点に気づいたり新たな発見があったりして、駅や列車内で驚くことも多い。時には、これまで鉄道に対して持っていた日本での常識が、ヨーロッパではすっかり覆されてしまうこともある。まさに、ところ変われば鉄道も変わるという体験をすることになる。だからこそ、海外の鉄道はおもしろいのである。たとえば優等列車の名前は、日本では速さの象徴のような鳥や沿線ゆかりの地名が多いが、ヨーロッパではヨハン・シュトラウス号やドボルザーク号、ミケランジェロ号と、音楽家や芸術家の名前がついている列車も運行している。これを日本版に焼きなおすと、さしずめ「滝廉太郎号」、「葛飾北斎号」に相当するのであろうか。

また、ヨーロッパの始終着駅のホームで列車を見ていると、運転士はほとんどの場合、制服ではなく私服で乗務している。そのような運転士に頼むと、愛想よく運転台に乗せてくれたりすることもある。駅について言えば、日本では数少なくなった行き止り式（頭端式）の構造がまだまだ多く、鉄製のアーチ式大屋根に覆われたホームでの離別風景や構内に反響する案内放送は、ヨーロッパの鉄道の旅ならではの旅情を感じさせられる。

車両技術の面では、日本の新幹線のライバルであるフランスのＴＧＶは、新幹線のような電車（動力分散）方式でなく、両端に電気機関車がついている動力集中方式の高速列車であるし、軌間が高速新線も在来線も同じ標準軌（１４３５ミリ）なので、在来線へも容易に乗り入れることが可能である。なおかつ在来線の線形もいいので時速２００キロ程度で走行可能な路線も多い。

こうした鉄道文化や鉄道技術の比較をしてゆくと興味は尽きない。さらにヨーロッパは日本と違って大半の国々が陸続きで接しており、ヨーロッパ連合（ＥＵ）加盟国が27カ国に増加し、シェンゲン条約加盟国間では出入国審査や税関検査がなくなった現在、国際列車に乗れば容易に隣国に移動することが可能である。つまり、日本では経験できない列車による国境越えができるのである。このことが国際列車の編成や運行などに反映されていて、ヨーロッパの鉄道に対する興味は一層膨らむのである。

以上のような視点から、日本の鉄道文化に慣れ親しんできた日本人にあまり知られていないヨーロッパの鉄道文化を、日本と比較しながら、列車編、車内編、駅・ホーム編、切符・時刻表編、車両・技術編の5章に分けて本書では紹介してゆくことにする。記述内容は、章単位でも項目単位でも独立しているので、興味のある部分から読んでいただけるようになっている。車両技術や列車内でのサービス、駅員の行動や乗客の姿態に至るまでヨーロッパと日本の鉄道の違いを取り上げている。翻って考えてみれば、ヨーロッパの鉄道から見て、日本の鉄道文化や鉄道技術を見直すのも価値のあることであろう。

この本は、ヨーロッパを中心とする海外の鉄道に興味のあるメンバーが、定期的に情報交換をする会である「海外鉄道サロン」（メンバーリストは奥付を参照）のメンバーによる共同執筆である。本書に収録した内容は「海外鉄道サロン」で議論されたことを取りまとめたもので、各項目の執筆者は、その部分の最後に執筆者名のイニシャルを記している。

それでは、無粋な前置きはこれくらいにしておいて、日本と異なる鉄道文化を持つヨーロッパの列車に乗車してみよう。

２０１１年6月　海外鉄道サロン代表　秋山芳弘

ヨーロッパおもしろ鉄道文化——目次

第2章　車内編

第3章　駅・ホーム編

第4章　切符・時刻表編

第5章　車両・技術編

第1章

列車編

まだまだ元気！　ヨーロッパ寝台列車事情

●「普通寝台」は朝食付き

寝台列車——日本では、すっかり過去の乗り物として扱われ、いまでは「カシオペア」や「トワイライトエクスプレス」など、ごくわずかな列車だけが生き残っているのが現状だ。

私も学生時代だった1990年代、東京～九州間のブルートレインはすべて乗車したが、15年以上経った現在、それらの列車も全滅という有様である。

それもそのはず、スピードアップや増発を繰り返す新幹線や航空機は、寝台列車が始発駅を出発する時点でまだ最終便が出ておらず、一晩明けて終着駅に到着した頃には始発便がとっくに到着してしまう。加えて、航空機の格安割引チケットが常識となった昨今、寝台列車の非常に高額な寝台料金では、不況による経費削減に努めているビジネス客の取込みなどを期待できるはずもなく、「乗ること」を目的とした観光客以外に活路を見出せないのは、至極当然の流れといえる。JRも、採算の悪い寝台列車の運行には消極的になっていき、いずれ日本国内からは姿を消してしまうかもしれない。

と、なんとも景気の悪い話からスタートしてしまったが、これは日本だけに限った話ではない。

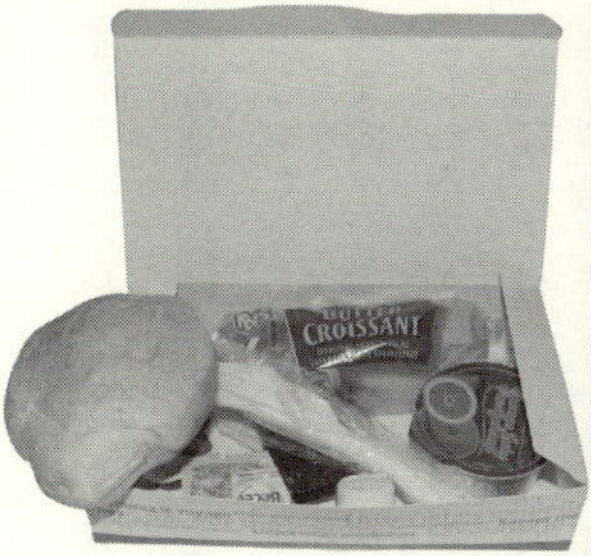

寝台利用者に配られる朝食
（撮影：H・T）

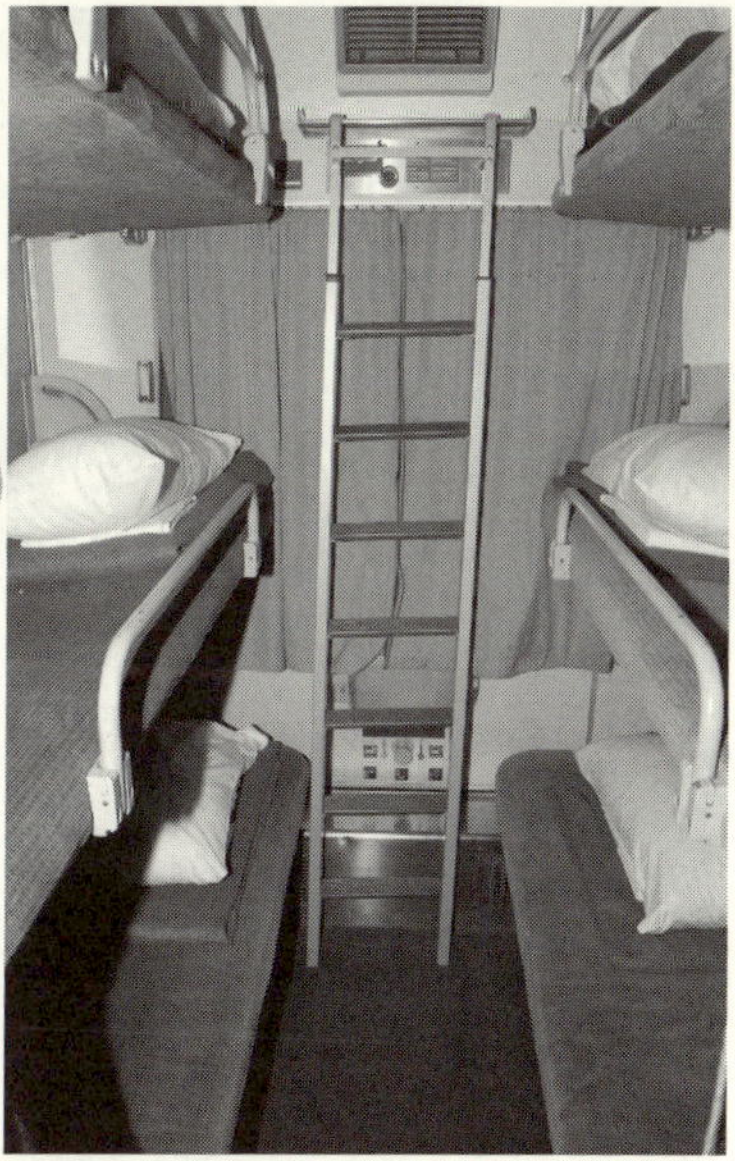
6つのベッドが置かれた「クシェット」
（撮影：H・T）

ヨーロッパも寝台列車に関しては事情が同じで、次々と新しい高速列車が誕生する陰で、何十年もの歴史ある有名寝台列車がひっそりと姿を消しているのだ。

しかし、そこで終わらないのがヨーロッパ。各国の鉄道会社では、工夫を凝らしたさまざまなサービスやスピードアップ、効率的な運用により、現在も多くの寝台列車がヨーロッパの大地を駆け抜けている。

そんなソフト・ハード両面において異なる部分が多いヨーロッパの寝台列車を、日本と比較してみよう。

日本のA寝台・B寝台と同じく、ヨーロッパもサービスに応じて2種類の寝台に分けることができる。一つは日本のA寝台に相当する「普通寝台」、もう一つはB寝台に相当する「簡易寝台」、通称「クシェット」と呼ばれるものだ。

普通寝台は、車両ごとに配置された客室乗務員が、いろいろと面倒を見てくれるフルサービスとなっている。

まずベッドメイキングは、検札時に何時頃セットしてくれと頼むと、指定した時間にセットしてくれる。A寝台といえど、自分でシーツを敷く日本とはこの点でまず異なる。

次に、これまた検札時に尋ねられるのだが、頼んでおくと翌朝は指定した時刻にモーニングコール、および朝食を各部屋へ運んできてくれる。朝食は寝台料金に含まれており、普通寝台の乗客には全員へサービスしてくれる。

朝食の内容は列車によって異なり、例えばドイツを発着する夜行列車の「シティナイトライン」はパンにハム、チーズ、ヨーグルト、そしてオレンジジュース、コーヒーあるいは紅茶と、シティホテルのコールドビュッフェ並みの朝食が提供される。しかし、これがイタリア発着の寝台だと、クロワッサンにオレンジジュース、コーヒー、以上。……といった具合に、典型的なコンチネンタルスタイルの簡素な朝食のこともあり、期待しているとちょっと損した気分になる。不思議なことに、前述の「シティナイトライン」ですら、何故かイタリア方面へ向かう列車の朝食だけは簡素で、ワクワクした気分で朝食を待っているとがっかりさせられる。

こうしたサービスは日本の寝台車にはないが、これはヨーロッパにおけるホテルのサービスがベースになっている。というのもヨーロッパのホテルでは、いわゆる「1泊朝食付き」というのが標準であり、それに倣ったものといえよう。

設備面で見ると、普通寝台の標準的な構成は、鍵の掛かる一つの個室を1人部屋から3人部屋まで可変させて使用可能な、「ユニバーサル」と呼ばれるものが圧倒的に多い。可変とは、下段のみ使用し、上段・中段の寝台を引き出さなければ1人部屋のシングルとなり、上・下段だけを引き出せば2人部屋のダブル、上中下段すべてをセットすれば3人部屋になるというからくりで、同じ個室でも、ある1部屋はシングル利用、その隣は3人部屋……というように部屋ごとに異なる場合がある。日本は「1人用個室ソロ」「2人用個室デュエット」というように、部屋ごとに定員が決まっていて、融通が利かないという点で異なる。なお、寝台ごとのカーテンはない。

個室内には洗面台が設置されており、洗顔や歯磨きは個室内でできるが、トイレはデッキにある共同トイレを使用しなければならず、シャワー設備もない場合が多い。

アメニティグッズは、フェイスタオルや少し大きめのタオル、それに飲用と歯磨き・うがい用に、それぞれ2本のミネラルウォーターが用意されている。洗面台の水は、顔を洗う程度では問題ないが、口に含むのはやめたほうがよいので、歯磨き・うがい用の水が用意されているのだ。

最近では、普通寝台のさらに上級のデラックス寝台（各国によって呼び方が異なる）が誕生し、好評を博している。これは前述の普通寝台のサービスに加え、個室内にシャワーとトイレが設置されており、より快適に車内で過ごすことができる。これらの高級寝台は、列車によっては普通寝台と料金の差があまりない場合もあり、非常に人気が高いため、すぐに予約が埋まってしまう。

●「クシェット」は主として6人部屋

一方の「クシェット」は、日本語訳で「簡易寝台」と称されるとおり、横になるためだけの空間、とでも言えばよいだろうか。標準的なクシェットは6人部屋で、部屋ごとに扉があり、鍵を掛けられるようになっている。日本で言うところの4人用B個室寝台「カルテット」を6人部屋にしたような感じだが、ベッドごとのカーテンはない。イタリアの場合、シーツが紙というのも衝撃的で、これは30年以上前から変わらない。

クシェット(B寝台に相当)
•シャワーなし、トイレは共同利用 •個室内洗面台なし •ベッドメイキングはセルフサービス •アメニティグッズなし •朝食なし •シーツは使い捨ての紙(イタリア)

個室内には洗面台もなく、寝具は備わっているがベッドメイキングはセルフサービス。もちろん朝食のサービスもないが、クシェットの料金は20～30ユーロ、日本円でいえば2500～4000円と大変安い。寝台料金に特急料金まで取られ、追加料金だけで900

●デラックス寝台・普通寝台・クシェットの比較表

デラックス寝台(国により呼称が異なる)	普通寝台(A寝台に相当)
•各個室に専用シャワー・トイレ付き •車掌によるベッドメイキング •ウェルカムドリンク(列車による) •アメニティグッズ(大小タオル、石鹸、シャンプー、ミネラルウォーター2本、シャワーキャップなど) •個室内での朝食サービス •希望者への新聞サービス(列車による) •フルーツやチョコレートのサービス(列車による)	•各個室に洗面台付き(シャワーなし、トイレは共同利用) •車掌によるベッドメイキング •ウェルカムドリンク(列車による) •アメニティグッズ(大小タオル、石鹸、ミネラルウォーター2本など) •個室内での朝食サービス •希望者への新聞サービス(列車による) •フルーツやチョコレートのサービス(列車による)

0円以上もする日本のB寝台とは比較にならない低価格が魅力だ。料金が安いうえに、座席車と違って横になれるという点でもありがたい。

ユーレイルパスを持ってヨーロッパ内を駆け巡った学生時代、追加料金を払わずに座席に座っていくか、奮発してクシェットにするか(貧乏学生にとっては、3000円前後も非常に贅沢な金額だった)、大いに悩んだものだ。

ちなみに、最近は4人部屋のクシェットもあり、6人部屋に比べて室内空間が多少広いのがうれしい。

なお前述のとおり、普通寝台・クシェットとも、ベッドごとのカーテンがなく、この点は日本の寝台に軍配が上がる。クシェットはもちろんのこと、普通寝台も希望すれば2・3人部屋を相部屋として使うことができるが(普通寝台は男女別、クシェットは男女同室)、その際は寝巻きに着替えたり、下着姿で寝たりできないことは覚悟しておこう。(H・T)

複数の国の寝台車が連結される列車あり

イタリアのヴェネツィア発、ハンガリーのブダペスト行きや、デンマークのコペンハーゲン発、オランダのアムステルダム行きなど、ヨーロッパの夜行列車は複数の国にまたがって運行するものが多い。

ヨーロッパの夜行列車は、日本では数を減らしてしまったブルートレインと同じく、機関車牽《けん》引《いん》の客車編成である。そのため、発着駅の国の客車をそれぞれ持ち寄って編成することが多い。

例えば、ヴェネツィア発ザグレブ経由ブダペスト行きの編成の場合は、イタリアの普通寝台車両とハンガリーとセルビアのクシェット車両で編成されて出発するが、途中区間ではクロアチアやセルビアの座席車両が連結される。ところが、途中駅であるクロアチアのザグレブではセルビアのクシェット車両は分離され、セルビアのベオグラードに向かう運行をしている。

仮に、この列車でヴェネツィアからベオグラードまで、相部屋の2人部屋や3人部屋ではなく1人部屋で行きたいと思った場合は、夜間はヴェネツィアからザグレブまでブダペスト行きに編成されている普通寝台車を利用し、ザグレブからベオグラードまでは昼間の移動になるので1等座席車に移動して、ベオグラードまで向かうことになる。同一の列車の中で、席を移ることが必要とされるのだ。

このように、近年のヨーロッパの夜行列車の合理化によって、行き先が複数の夜行列車を一つの編成にして出発させ、途中駅で各行き先の列車を分離。身軽になったと思ったら、今度は違う都市から来た夜行列車を連結して、目的地に到着するということもよくある。

乗車した時には複数の国の車両による10両以上の長大な編成だったのが、朝起きて、目的地に到着したら3両という短い編成になっていることもあるし、その逆のケースもよくある。

このような列車の場合、乗車する車両を間違えると、行きたいところとは違う目的地に着いてしまうこともあるので、乗車の際には注意が必要だろう。

ただし、ドイツの「シティナイトライン」、スペインの国際夜行列車である「エリプソス」や「ルシタニア」、パリとイタリア主要都市間を結ぶ国際夜行列車「アルテシア」など、「ホテルトレイン」と呼ばれている列車は、原則としては一つの国の車両だけで編成しているので安心である。

近年、高速列車の台頭で数を減らしつつあるヨーロッパの夜行列車だが、まだまだヴァリエーションに富んだ編成で運行をしている。鉄道ファンには楽しみな存在である。

（S・H）

日によって変わる？ 列車編成の順序と号車番号

●私の乗る車両がない！

日本人の我々にとっては、列車が毎日同じ編成を組んで、1号車から順に並んでいることなど、当たり前のことであろう。たとえ編成が変わるとしても、せいぜい繁忙期に数両が増結されるか、逆に閑散期に数両が減車される程度のことである。

ではヨーロッパはどうであろうか。

日本と比べれば比較的おおらかで、意外とアバウトなヨーロッパとはいえ、列車の編成表はちゃんと存在し、原則的には毎日同じ編成で、同じ向きで運行されている。いや、運行されているはずだ。「はずだ」と書いたのは、これはあくまで原則であって、たまに想像していた編成とは異なる姿で登場し、私たち乗客をおおいに慌てさせることもあるからだ。

しばしば見かけるのが、たとえば1号車、2号車……10号車と順序正しく並ぶべき編成が、1号車の隣に11号車、12号車が繋がっている事例。つまり編成順序で言えば、11、12、1、2、10号車……となっているわけだ。

詳細な理由は不明だが、順序どおりの編成に繋がなければ……という律儀で几帳面な日本人的考えとは異なり、おそらく増結する際に、とりあえず指示されたとおりの両数だけを繋げておこう、という合理的な考え（＝順序まで深く考えず、とにかく繋げるという義務を果たす）によるものではなかろうか。

こうした事例は、たいてい乗入れ相手先車両の精算運転（乗入れ相手の車両との走行距離の調整のために、通常の受持ちと異なる相手方の車両で運転すること）など、国際列車で見かけることが多いようだ。

このような理由であれば、決してわからなくもないのだが、さらに驚きの事例がある。編成の真ん中で突然、号車番号が飛ぶことがあるのだ。

それも1、2、3号車ときて、次にいきなり12号車、そこから何事もなかったかのように、また4号車から順に編成されているのだ。

あるいは1、2、3号車ときて、4号車がなく5号車がきたりする。もちろん、車両の座席指定をしているにもかかわらず、である。ちなみに、その4号車はどこへ行ったかといえば、10号車の後ろにひっそり繋がっていたりする。これではわかるわけがない。

これはイタリアで確認された事例であるが、こんな破天荒なこともしばしばあって、さすがのイタリア人の乗客たちも自分の乗車すべき客車が所定の位置にないことに気付くと、大混乱となる。そして発車した車内では、乗客が車掌に身振り手振りを交えて食って掛かる、それこそイタリアでいつもお約束のように見かける、典型的な光景が繰り広げられるのだ。

しかし、何故こんなことになるのか、そのメカニズムがよくわからない。あとから無理やり車両を増結するため、編成車端に引っ付けるのは理に適っているが、中間に1両だけ突然現れる増結車というのは、いったいどうしたらそんなことになるのだろう??

おそらくであるが、出庫直前になって車両に不具合が発生し、その不具合のあった1両だけを切り離し、別のところから代替の車両を持ってきた際、繋げる位置が変わってしまったのではないだろうか。

走行中に乗っていた列車の車両が故障し、途中駅で中間の車両だけ切り離す入替え作業を体験したことがある。その場合は、乗客を乗せたまま、駅構内を行ったり来たりするのである。

●なんと列車の編成の向きが反対になる!

列車のなかには、編成の向きそのものが反転していることもある。日本国内において、上り下りで編成の向きが変わる事例は、展望車を常に最後尾へ連結する必要から方向転換をしていた、戦前の特急「つばめ」などがあるが、これらのごく一部の列車を除き、反転することは皆無に等しい。車内からの展望が売り物である寝台特急「カシオペア」のスイートルームでさえ、札幌発上野行きの際に編成を反転させないので、全行程の大半で牽引する機関車の顔を拝むことになる。しかしヨーロッパでは何を思ったのか、何の理由もなく、突然列車の編成の向きそのものが逆転するという、信じられないような事例も起こる。

これはほんの一例ではあるが、2003年8月、寝台列車「トレインホテル・アルテシア」に乗車し、パリからローマへ向かう時に体験した、頭がこんがらがりそうなエピソードを紹介しよう。

ヨーロッパでは国際列車の場合、乗入れ相手国と運賃体系や車両管理について、双方が出資した運行管理会社に任せる方式が多い。このアルテシアとは、イタリア鉄道（FS）とフランス鉄道（SNCF）が半々出資した列車運行管理会社の名称である。この名称は、例外を除いて列車名とは異なり、アルテシアによって運行されている寝台列車には、「パラティーノ」や「スタンダール」といった、この列車が通る地域に縁のある列車名が別に付けられていて、列車種別はEuroNight（EN）となる。当時のアルテシアは、デラックス寝台から食堂車、簡易寝台車クシェットまで、15両にもなる長大な編成が、パリからイタリア各都市へ毎日4本も運転されており、特にローマへは1日2本も運行されていた。

私の乗車するアルテシアの「パラティーノ号」は、ローマ方向（先頭）から順に、デラックス

●編成順序例

■客車が順番に繋がっていない例

機	11	12	1	2	3	4	5	6	7	8	9	10

■所定の場所に客車が繋がっていない例

機	1	2	3	12	4	5	6	7	8	9	10	11

機	1	2	3	5	6	7	8	9	10	11	12	4

■営業中に突然、不具合で切り離された例

機	1	2	3	4	5	6	7	8	9	10	11	12

↓4号車で不具合発生

機	1	2	3	5	6	7	8	9	10	11	12

■トレインホテル・アルテシア「パラティーノ号」の編成が逆向きになっていた例

←パリ　　ローマ→

正しい（と思われる）編成

機	ク	ク	ク	ク	ク	ク	ク	ク	ク	食	寝台	寝台	寝台	寝台	EX

逆になっていた編成（ガリレイ号のパリ出発時点での編成）

機	EX	寝台	寝台	寝台	寝台	食	ク	ク	ク	ク	ク	ク	ク	ク	ク

凡例

機 → 機関車

寝台 → 普通寝台

EX → エクセルシオール（デラックス寝台）

ク → クシェット（簡易寝台車）

食 → 食堂車

寝台（エクセルシオール）、普通寝台、食堂車、クシェットの順に繋がれていた。

この列車は、ヨーロッパではよく見かける途中駅での方向転換は一切なく、出発時の編成順序のままローマへ達するのだ。

さて、快適な夜を過ごし、とくに編成に変化はなく、終着のローマのテルミニ駅に到着した。すぐに駅近くのホテルへチェックインし、コロッセオやトレヴィの泉など有名観光地をブラブラしていたら夕方になった。昨晩お世話になった「パラティーノ号」が、ちょうどパリへ向けて出発する時間が近付いているので、「そうだ、せっかくだから駅へ発車の様子を見に行ってみよう」とテルミニ駅へ向かった。

すると、……？？？、あれっ？　何かがおかしい。ホームに停車しているアルテシアは、昨日と同じ順序で繋がっているし、何もおかしくはないはずなのだが……と考えていると、違和感の理由に気付いた。編成がパリ方向から順に、デラックス寝台、普通寝台、食堂車……となっているのだ。もうお分かりだろう。編成の向きが逆なのだ。混乱する私を尻目に、列車はパリへと旅立っていった。

編成が反対になった理由は、結局、分からなかった。

そこで翌朝もう一度、パリから到着する「パラティーノ号」の編成を見てみることにした。早起きをして、テルミニ駅で待っていると、「パラティーノ号」がやってきた。編成はやはり先頭から順に、デラックス寝台、普通寝台、食堂車である。通常となんら変わりはない。ますます確証が持てなくなり、再び夕方に駅へ行くと、なんと朝見たものと同じ編成順序の「パラティーノ号」（つまりパリ方向を先頭としてクシェットから順の編成）が停車しているではないか。

展望車が付いているわけでもないのに、毎日わざわざ方向転換をしているのか？と推理していたのだが、それもあっさり裏切られてしまった。いったい何故、２日前の編成だけが逆向きだったのか？　謎は深まるばかりであった。

結局、あとで気付いたのだが、その当時のダイヤには、「パラティーノ号」とまったく同じ編成を使って運行していたもう1本のローマ行き「ガリレイ号」があったのだ。その列車だけは、途中のフィレンツェで、頭端行き止り式のサンタ・マリア・ノヴェッラ（SMN）駅へ進入するため、編成の向きが変わることになる。ここからは推測であるが、つまり何らかの事情で、「パラティーノ号」と「ガリレイ号」の編成がその日だけ入れ替わってしまったと考えるのが自然であろう。

そういえば、パリで「パラティーノ号」に乗車した当日、列車のサボ（行き先表示）が1時間後に発車する「ガリレイ号」のものが付いていた。大慌てで車掌に確認したら、「これで大丈夫だ」とあっさりした返答。同じ行き先ではあるものの、別の列車のサボが付いているなんて、洒落にもならない何とも迷惑な話であるが、つまり列車の編成ごとそっくり入れ替わることなど、もしかしたら日常茶飯事のことなのかもしれない。そうすれば、編成が逆向きだった理由も納得がいく。推理小説のトリックに出てきそうな、なんとも不可解な話であった。

ちなみに、その後まもなく「トレインホテル・アルテシア」は減便となり、ローマ行きの2本は「パラティーノ号」1本に統合された。これで少なくともアルテシアのパリ〜ローマ間では、

2本の列車が入れ替わることにより、編成の向きが変わるということはなくなった。（H・T）

統一性は皆無？　色とりどりの列車

1980年代頃まで、日本の国鉄の列車には雑多な編成がかなりあった。色も屋根の高さも異なる、さまざまな形をした気動車や客車が何両も連なって幹線を走っていたし、首都圏を走っていた通勤電車が用済みとなって地方へ回されたあと、路線ごとに塗り分けられた車体を塗り替える時間がなく、各色を寄せ集めた非常にカラフルな外見で走っていた。……カラフルと言えば聞こえが良いが、『継ぎ接《は》ぎ』と呼ぶほうが相応《ふさわ》しい。

しかし国鉄民営化以降、JRとなってからはこうした雑多な列車は数を減らし、色も形も美しく統一された編成が主流となっている。古くなった車両を順に更新したり取り換えるのではなく、編成ごと一括して総入替えをするようになったことも一因のようだ。もちろん、きれいに統一されたほうが利用者の印象も良いが、趣味的に見ればおもしろみに欠ける。

ヨーロッパでも、編成が統一された高速列車が増えたことにより、色とりどりの雑多な編成は数を減らしているが、日本の状況から比較すれば、まだ数多く残っている。

雑多な編成を組む理由はいろいろとあるが、一番多いのは国際列車において、1等・2等客車

●国際特急列車ユーロシティ「ヴィンドボナ号」編成例(2007年10月頃)

←ウィーン

機	1 DB	1 CD	食 CD	2 CD	2 CD	2 CD	2 CD	2 ÖBB	2 ÖBB	2 CD

※機関車は、ハンブルク～ドレスデン ——→ DB 101
ドレスデン～プラハ ——→ CD 371
プラハ～ブジェツラフ ——→ ZSSK 350
ブジェツラフ～ウィーン ——→ ÖBB 1016

凡例 ——

1 → 1等車　2 → 2等車　食 → 食堂車

DB → ドイツ鉄道　CD → チェコ鉄道
ÖBB → オーストリア連邦鉄道　ZSSK → スロバキア鉄道

は○○国、食堂車は△△国……といった具合に、通過国が各車両を分担している例だ。ドイツからチェコ国内を通過し、オーストリアへ至る国際特急列車ユーロシティ「ヴィンドボナ号」は、1等車1両がドイツ鉄道、2等車2両がオーストリア連邦鉄道、残りの1等車・2等車・食堂車すべてがチェコ鉄道、と3カ国の客車が入り乱れており、非常に興味深い。

また、日本でも他社線へ相互乗入れを行なう際、運賃収入や各鉄道会社の乗り入れる距離に応じて、分担した車両の走行距離を調整する、いわゆる「精算運転」を行なうことがあるが、同じようなことがヨーロッパでも行なわれているようだ。ただし日本のように編成単位ではなく、編成の一番後ろに1両だけ、相手国の客車を繋げて運転する。本来は繋がってないはずの客車が1両だけ繋がっていて、列車を見て、おや？　と思うことがある。

スイスのように、食堂車だけ色が異なる、という国もある。現在のスイス連邦鉄道の標準的な塗装は、白をベースに窓回りが黒とい

車両ごとにデザインも塗色も違う客車で編成された列車（撮影：H・T）

うモノトーン調で、扉の回りだけ1等は黄色、2等は水色という具合に、等級を色によって識別させているが、食堂車だけは窓回りが赤になっている。これは客車だけではなく、電車のような固定編成の振り子式特急列車ICN（注）にも適用されており、どこに食堂車が連結されているかが遠くからでも一目で分かる。

季節的なものでは、繁忙期、とりわけ夏のバカンスシーズンになると、ヨーロッパ北部に住む人たちは青い海と輝く太陽を求め、地中海のリゾート地へ大挙して訪れる。当然、この時期の列車は日本のお盆や正月に匹敵する混雑ぶりを呈するのだが、通常運行されている編成だけでは足りず、臨時列車の運行や車両の増結で対処する。しかし、場合によっては車庫の奥底に眠っているポンコツを引っ張り出しても車両が不足してしまい、やむなく他の国から助っ人で車両を借りてくることがある。フランスからイタリアへ向かう夜行列車に、何の関係もないルーマニアの客車や、ドイツとポーランドを結ぶ夜行列車「ヤン・キエプラ号」の文字が刻まれた客車が連結されていたりして、戸惑うこともある。

新しい塗装がお目見えした後も、新旧塗装が入り乱れてすごいことになる。しかもヨーロッパはどこの国も、何故か決まって塗装変更のペースが極めて遅い。10年以上掛かって塗装変更を進めている最中に、さらに次世代の新しい塗装の車両が登場して、新旧2～3世代の車両が一緒に連結されていたりするから驚きだ。

いい加減そうなラテン系の国であれば、まあそんなこともあるかな、と妙に納得してみたりするが、実はそれ以上に遅いと思われるのが、あの規律に厳しそうなドイツだったりする。なにしろ実際に、1970年代中頃から採用されていた「タルキス色」と呼ばれる青とクリームのツートンカラーの客車と、現在の最新カラーであるフェアケアスロート（Verkehrsrot［交通赤色］）の客車が、イベント列車ではなく通常運行の夜行列車で一緒に連結されている姿を目撃したことがあるのだから……。

一方、ヨーロッパにも日本のような「○○号」専用塗装、というのがある。他の標準的な塗装とは違う色だったり、なかには車体に列車名が記されていたり。

しかし、そこはヨーロッパ、そんなことは一切お構いなしに、半紙の上に墨汁を垂らしたかの如く、塗装が統一された編成の真ん中に関係ない塗装の車両が混じっていたり、専用塗装の車両が別の列車に使われたり……。確かに、日本でも車両検査のために一時的にそうなることもあるが、ヨーロッパの場合は統一された例がない！というほど極めて多い。他の列車で使うくらいなら専用塗装にする意味がないのでは？　といつも思う。

結局のところ、ヨーロッパの人たちは、編成の統一性に関してはかなり無頓着で、それよりも自分達の都合や合理性に重点を置いているのだろう。几帳面な国民性の日本人からすると、なんともおおらかで寛容というべきなのか、適当でいい加減というべきなのか……。

（H・T）

（注）▼ICN……スイス連邦鉄道（SBB）が運行しているインターシティ用振り子式電車で、Intercity Neigezug（ドイツ語で振り子式の意味）の頭文字を取っている。2002年にスイスで開催された博覧会に合わせる形で2000年に誕生、スイス国内で整備が進む高速新線区間では最高速度時速200キロで運転される一方、振り子式の長所を生かすため、どちらかと言うと曲線の多いルート（チューリッヒ～ビール～ローザンヌなど）を中心に運行されている。

高速鉄道は必ずしも「新幹線」ではない

●「新幹線」は固有名詞

フランスには「TGV」、ドイツには「ICE」と呼ばれる高速列車がある。これらの列車は一般の鉄道とは別に敷設された高速新線を走行し、在来線では出すことのできない、時速250キロから300キロという速さで運行されている。そのため、TGVは「フランスの新幹線」、ICEは「ドイツの新幹線」と紹介されることがある。

それならば、いっそTGVやICEをそのまま新幹線と訳してはどうか？「パリとリヨンの間には新幹線が走っている」とか、「フランクフルトからケルンまで新幹線に乗る」と言っても差し支えなければ、ヨーロッパの鉄道はずっと身近に感じられるだろう。

しかし、この読替えは適切ではない。

第一に、TGV、ICE、新幹線とも固有名詞である。「新幹線」は日本の高速鉄道の固有の呼び方なのだから、他の鉄道をこう呼ぶことはできない。TGVもICEも同様である。これらの列車やシステムを説明的に表すとしたら、やはり、高速列車・高速鉄道となるだろう。もっとも、「どこそこの新幹線」という表現を、「新幹線のような鉄道」という意味で用いるのはかまわない。

●高速新線の建設パターン

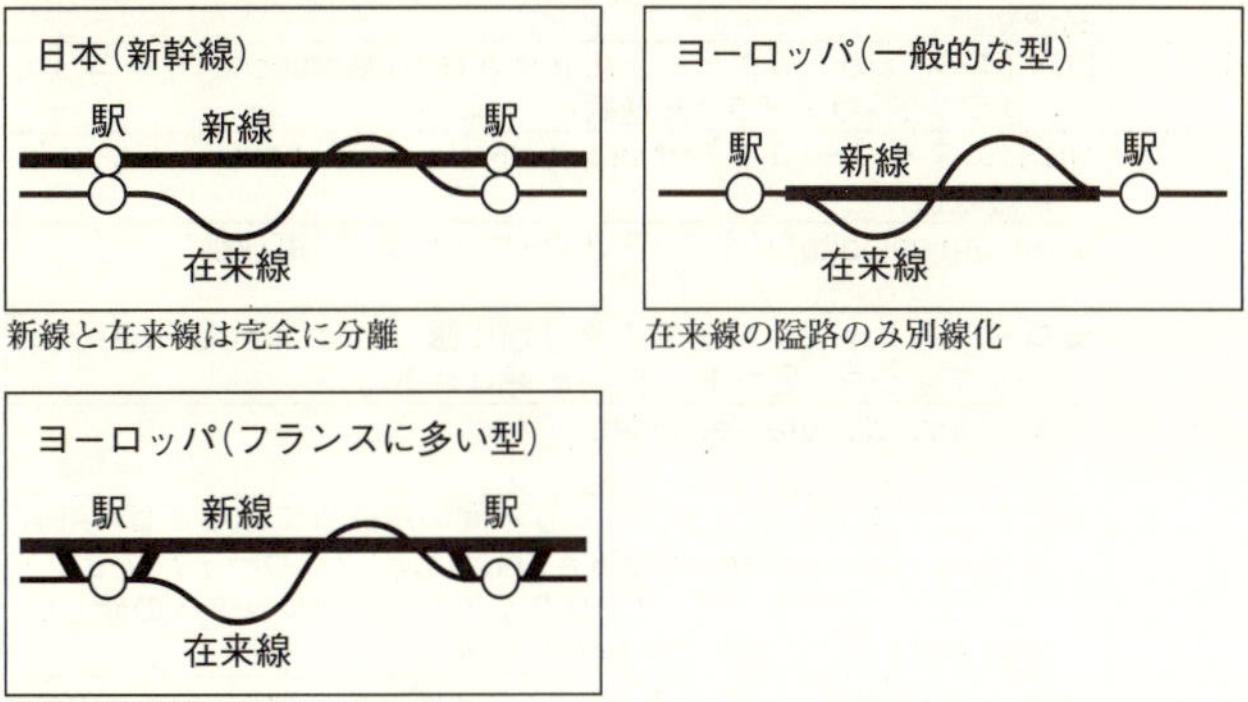

新線と在来線は完全に分離

在来線の隘路のみ別線化

新線を在来線と並行させ、両線を要所要所で接続

第二に、新幹線は文字どおり「線」であるのに、TGVやICEは「列車」を表している。TGVはTrain à Grande Vitesse（高速列車）の頭文字、ICEはInter City Express（都市間急行）の頭文字で、いずれも車両あるいは列車種別の名前である。また、新幹線の場合は「新幹線に乗る」「新幹線を建設する」などの表現が可能だが、TGVやICEを「建設する」とは言えない。フランスやドイツの高速鉄道では、何よりも列車が主役なのである。

●ヨーロッパでは、線路は目立たない

ヨーロッパの多くの国では、高速新線は在来線と同じ軌間でつくられている。ヨーロッパの在来線の軌間は1435ミリであり、高速列車の運転に支障がないからだ（日本の在来線の軌間は1067ミリで、新幹線より狭い）。フランスやドイツの高速新線はこのことを利用し、

	高速新線
フランス	LGV(エル・ジェー・ヴェー)＝Ligne à Grande Vitesse(リーニュ・ア・グランド・ヴィテス：高速線)
ド イ ツ	NBS(エヌ・ベー・エス)＝Neubaustrecke(ノイバウシュトレッケ＝新設軌道)
イタリア	linea alta velocità(リネア・アルタ・ヴェロチタ：高速線)
	★ローマ～フィレンツェ間の高速線に限ってはDirettissima(ディレッティシマ：最もまっすぐ)と呼ばれる。
スペイン	LAV＝Línea de Alta Velocidad
	★ただし、マドリード～セヴィーリャ間の高速線に限ってはNAFA＝Nueva Acceso Ferroviario a Andalucia(ヌエヴァ・アクセソ・フェロヴィアリオ・ア・アンダルシア：アンダルシアへの新しい連絡鉄道)という固有の呼び方がある。
イギリス	High Speed(ハイ・スピード)
	★現在は1路線しかなく、もっぱらHigh Speed 1(ハイ・スピード・ワン)と呼ばれている。
ベルギー	オランダ語圏の高速新線はHSL＝Hogesnelheidslijn
	フランス語圏の高速新線はLGV
オランダ	HSL
	★響きのよさをねらった造語。
日　　本	新幹線

大都市の郊外などで在来線と結ばれている。高速列車は都市間では新線を走行するが、都市の内部では在来線に乗り入れ、昔からのターミナル駅に発着するのである。

とはいえ、走行区間の大半は新線なのだから、高速の輸送サービスを一括して「新幹線」と呼んでもいいのでは？　と思われるかもしれない。しかし、実際にTGVやICEを利用してみると、新幹線とは感じが違う。

最も大きな違いは、高速列車が発着する駅である。日本の場合、新幹線ができる時は、在来線の駅はどうなるだろうか。おそらく、コンクリートの高架橋が周り

●ヨーロッパ各国の高速鉄道

	高速列車
フランス	TGV(テー・ジェー・ヴェー)＝Train à Grande Vitesse(トラン・ア・グランド・ヴィテス：高速列車)
ドイツ	ICE(イー・ツェー・エー)＝Inter City Express(インターシティ・エクスプレス＝都市間急行)
イタリア	AV(ア・ヴェ)＝Eurostar Alta Velocità(エウロスター・アルタ・ヴェロチタ：高速ユーロスター)
	★一般にAVと呼ばれる。なお、エウロスターは造語。
スペイン	AVE(アヴェ)＝Alta Velocidad Española(アルタ・ヴェロシダ・エスパニョーラ：スペイン高速)
イギリス	Javelin(ジャヴェリン)
	★響きのよさをねらった造語。
ベルギー	Fyra(フィーラ)
	★響きのよさをねらった造語。
オランダ	Fyra(フィーラ)
	★響きのよさをねらった造語。
日本	新幹線

Fyraはベルギーとオランダが共同で開発

の景色を一変させ、駅舎も建て替えられるだろう。

また、駅の中では新幹線と在来線の領域がはっきり分けられる。一方、在来線のホームは人の出入りが少なくなり、以前よりゆったりするだろう。新幹線ができると、線路に沿う場所はことごとくイメージを変えてしまうのだ。

これに対し、フランスの地方都市にTGVが乗り入れる時は、町の風景は何一つ変わらない。駅の造りも変わらない。いつもと同じ駅のホームに、時おり見慣れない列車が入るだけである。フランスやドイツの高速鉄道は、列車と線路の両方を新しくしても、利用者の目には列車しか入らないのだ。これでは、新しい「線路」ができたと言われても、ピンとこないのも無理はない。

フランスやドイツの高速新線にも、名前はちゃんと付いている。フランスでは、高速新線は「LGV」という。これはTGVのTをLに置き換えた表現で、Ligne à Grande Vitesse（高速線）という意味である。また、ドイツの高速新線は「NBS」といい、Neubaustrecke（新設軌道）を表している。このLGVとNBSは線路としての新幹線に近い言葉なのだが、旅行者が触れる機会はほとんどない。事実上、業務用語となってしまっている。フランスの高速新線は一般には「TGV○○線」のように案内され、ドイツの新線に至っては、路線名を案内することさえ行なわれない。もちろん、高速新線には「ケルン～ラインマインNBS」といった名前が付いているのだが。

フランスの旅客案内用の路線名である「TGVパリ南東線」も、本当は「LGVパリ南東」（パリ南東高速線）である。「○○線」の「線」も和訳で補っているにすぎない。フランス人の耳には「TGV○○方面」と聞こえるのではないだろうか。

もともとヨーロッパの人々には、鉄道の路線を名前で呼び分ける習慣がない。人目につかない高速新線は、なおのこと疎遠な存在なのであろう。

●スペインの高速新線は完全な別線

そんなヨーロッパの高速鉄道であるが、新幹線のように、列車と線路が一体となって感じられる例もある。例えばスペインの高速新線は、在来線とは完全な別線である。スペインでは在来線が広軌１６６８ミリであるのに対し、高速新線は将来のフランスとの直通のために１４３５ミリでつくられているからである。

しかし、実情としては、高速列車はＡＶＥ（アベ）、高速新線はＮＡＦＡと呼び分けられて開業した。そして、フランスやドイツのように、利用者にはやはりＡＶＥという呼び方だけが案内されている。ただ、このＡＶＥ（Alta Velocidad Española）は単に「スペイン高速」というだけであり、列車か線路かは特定されていない。スペインでは、高速新線が各地へ延びるにつれ、このＡＶＥが列車と線路の両方を指す場合が増えてきた。これは日本の「新幹線」と同じような使われ方である。

なお、スペインでは軌間可変（左右の車輪の幅を変えて走れる）式の高速列車が新線（標準軌）専用の列車を補完して走っているので、新線と在来線の隔絶感は、日本の新幹線ほど大きくはない。

（Ｓ・Ｍ）

高速列車も在来線を走る

●高速新線と在来線の直通運転

日本の鉄道では、JR在来線の軌間は1067ミリ、新幹線の軌間は1435ミリとなっており、両者はまったく別の鉄道として運行されている。

これは、新幹線の計画時に、従来の1067ミリ軌間では高速運転は困難とされ、それよりも幅の広い軌間が求められたからである。

これに対し、ヨーロッパの多くの国では、線路は初めから1435ミリ軌間で造られている。したがって、高速新線も在来線と同様、1435ミリ軌間が採用されている。そして、このように軌間を揃えることで、ヨーロッパでは高速新線と在来線の直通運転ができるようになっている。こうすると、大きな駅の周辺では、新線の建設費を節約できるからである。

ヨーロッパ方式の高速鉄道は、建設コストの節減のほかにも大きな長所を持っている。高速新線の中間部に在来線との連絡線をたくさん設けることによって、さまざまな直通ルートを設定できるからである。このことは、鉄道を道路のように考えるとイメージしやすい。つまり、ヨーロッパの鉄道では、在来線は一般道路、高速新線は高速道路の役割を果たしているのである。

●高速列車の乗り降りは在来線の駅

ドイツの高速列車ＩＣＥを見てみよう。例えば、フランクフルトからシュトゥットガルトへ向かう路線である。この路線はビジネス客や観光客でにぎわう幹線で、ＩＣＥが多数運転されている。

フランクフルト中央駅は、ヨーロッパに多い頭端式のターミナルである。駅前広場から建物に入ると、行き止り式のホームが地続きで並んでいる。そして、ＩＣＥも他の列車と同じく、昔ながらの櫛形ホームに発着する。列車のなかへは2～3段のステップを上ることになるが、駅前↓コンコース↓ホームと、ほとんど水平移動で歩いてこられる。これならば、雑踏のなかでもストレスをあまり感じない。

シュトゥットガルト方面（ミュンヘン行き）のＩＣＥは、発車すると南へ向かう。数分後にはかなりの速度に達するが、車窓を時折、古めかしい駅のホームが流れて行く。マンハイムまでは、在来線を時速２００キロ程度で走れるように改良した区間を走るのである。このような改良高速線を、ドイツでは「ＡＢＳ」（Aufbaustrecke）と呼んでいる。

マンハイム駅では、幹線鉄道が筆記体のX字のように合流・分岐している。北の2線と南の2線がいったん交わったうえで二股に分かれており、ホームの配置も、乗換えに適したものになっている。このように重要なジャンクションは、特定の進路だけを新線に移すことも、施設全体を新線に移すことも、それぞれ困難が伴うであろう。在来線の駅を利用する高速鉄道は、こうした施設を継続して使えるメリットがある。

マンハイムを発車したICEは徐々に加速し、丘陵地帯へ分け入って行く。このあたりになるとすごい速さで、近くの景色は一瞬にして飛び去る。ICEは時速250キロから280キロで走行可能な高速新線NBSに入ったのである。どこまでが在来線で、どこからが高速新線なのかは、窓の外を見ていてもわからない。それを伝える車内放送もない。いつのまにか入ってしまっている。

この高速新線にはトンネルが多い。地表を行く在来線は急カーブや急勾配の多いルートを通っている。新線の建設には、これらを回避する目的もあったのである。

最後のトンネルを通り抜けると、車窓に線路がいくつも並び、あたりは操車場のようになる。まだ新線を走っているのか、在来線に降りたのか……と頭をひねっているうちに、ICEは大きな駅に到着する。シュトゥットガルト駅である。ICEのすぐ脇には、近距離用とおぼしき短い列車が停まっている。

ホームに降りると、この駅も頭端式のターミナルになっている。ほとんど水平移動の感覚で、駅前広場まで歩いて出ることができる。

●異常時のTGVはミステリー列車?

ヨーロッパの高速鉄道がいかに柔軟性に富んでいるかは前述のとおりだが、鉄道会社がこのメリットに頼りすぎるのも、時には考えものである。

2000年の春、フランスのリヨンからパリまでTGVに乗った。

パリ〜リヨン間は日本の東京〜大阪間に相当するビジネス街道である。リヨンでの始発駅は旧市街のペラーシュ駅で、大阪ならば大阪駅、すなわち梅田に相当する。TGVは郊外までは在来線を走り、そこから高速新線（TGVパリ南東線）に入るのである。大阪の事情に例えると、新大阪駅まで行かなくても、梅田から東京行きの新幹線に乗れるのに等しい。

ところが、乗った列車は、郊外に出ても一向に速度が上がらない。高速新線が通るはずのない、大きな川に沿った線路をひたすら北へ進んで行く。どうしたのだろう? そういえば、出発直後に珍しく長い車内放送があった。聞き取れなかったのが残念だ。

結局、大阪〜京都間に相当する距離を走ってから、列車はようやく新線に入った。車窓をマコンという駅名が過ぎて行く。

ここからTGVは猛烈にダッシュ。水を得た魚のように突っ走る。

車窓はるかにパリのビル街。そろそろ降りる支度でも……と思うまもなく、TGVは長い編成をくねらせ、ゴトンゴトンと進路を変える。えっ、高速新線なのにゴトンゴトン？

これはおかしい。新線は終点のすぐ近くまで続いているはずなのだ。それに、在来線に降りたはいいが、いったいどこを走っているのだか。しかもノロノロ運転である。何か事情があって、新線から列車を迂回させているらしい。

ともかく、列車はパリのリヨン駅に到着した。通常の所要時間をかなりオーバーしている。「のぞみ」に乗ったはずなのに、降りる時には「こだま」になっていた……と、そんな気分である。

新幹線では、地震や風水害などで一部の区間が不通になると、かなり長い区間が一斉にストップする。列車の運行をコンピューターで一括管理しているからである。このような場合、TGVは新線と在来線の連携を生かして、代替ルートの確保を目指すようである。

（S・M）

列車の名前は音楽家

我が国では、列車名というと、「ひかり」「こだま」「はやて」「やまびこ」といったいかにも速そうな抽象的な愛称、「つばめ」「はやぶさ」「はつかり」といった速さの象徴のような鳥の名前、「出雲」「あずさ」「あさま」のような沿線ゆかりの地名などが主流であって、人名を付けることは

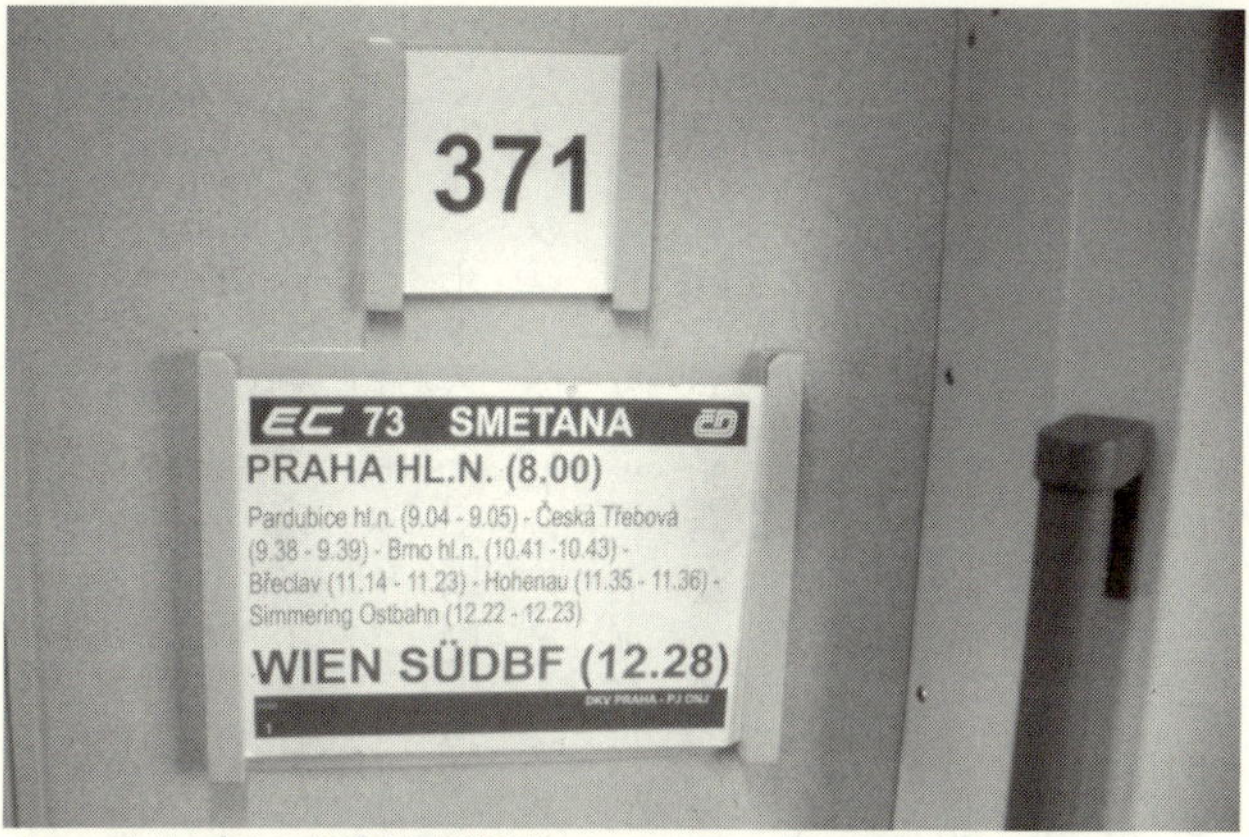

ウィーンとプラハを結ぶ国際列車ユーロシティ「スメタナ号」のサボ（撮影：Ｈ・Ｔ）

あまりない。

　秋田新幹線「こまち」が小野小町だとか、北九州の筑豊本線を走る「かいおう」が郷土の力士名だったり、長崎ゆかりの医学者「シーボルト」、それに肥薩線の観光列車「いさぶろう」「しんぺい」といった列車が例外的に存在するくらいである。

　ところが、ヨーロッパの列車名には、人名を付けることが極めて多い。列車名に限らず、空港名にはパリ・シャルルドゴール空港、ヴェネツィア・マルコポーロ空港、リヨン・サンテグジュペリ空港といった例があるし、街の通り名にはゆかりの政治家や有名人の名前が至るところで付けられている。習慣の違いであろうが、ある人物を顕彰するために、身近なものに名前を付けるのは珍しいことではないのである。

　こうした流れから、列車名も人名を付けることは普通なのだが、それが政治家、学者ではなく、芸術家の名前を付けると、何やらヨーロッパの文化の香りがして格調高く響くから不思議である。1983年に私がヨーロッパ大陸へ行って最初に乗った列車は、パリ発ウィーン行きの夜行列車だったが、夜が明けてドイツのミュンヘンへ着いた後、編成替えをしてウィーン行き「Rosenkavalier号」となった。訳せば「バラの騎士号」。リヒャルト・シュトラウスのオペラの題名だった。

その後、オーストリア国内で何本も列車に乗ったが、さすが音楽の国の列車にふさわしく、「フランツ・シューベルト号」「モーツァルト号」といった優雅な愛称の列車が数多く走っていたのには驚いた。しかも適当に名前を付けたのではなく、きちんと音楽や作曲家ゆかりの地を走っているのだから感激でもあった。なかには「Wiener Philharmoniker（ウィーン・フィルハーモニー）」などというオーケストラの名前を冠した列車まであって、さすが音楽の国オーストリアと思ったものである。

興味があったので、一時音楽にゆかりの列車名について調べたことがあったが、オーストリアだけでなく、ドイツ、イタリア、中欧などさまざまな列車を見つけることができた。そのいくつかには実際乗ってみることができたが、すべてに言えることは、名前だけであって、特別の仕掛けやイベントが行なわれるわけではない、ということだった。

駅のアナウンスでもいちいち愛称を連呼することはないし、発車案内板のすべてに愛称名が記されているわけではなかった。ただし、客車の出入口に掲げてあるサボ（行先表示板）には、誇らしげに列車名が書かれ、気分が高揚して乗り込むのであった。

ドイツ、オーストリアでは、優等列車の場合、列車専用の時刻表リーフレットが置いてあるのだが、それには大きく列車名と運転区間が記してあった。このリーフレットは持ち帰り自由で、それを集めて、帰国後、旅の思い出とともに優雅な気分に浸ることができた。せめて日本の列車のようにヘッドマークでも付けてくれればと思うのだが、そうした飾り付けは一切なく、車内で、その音楽家の曲をBGMとして流すこともない。ちょっと残念だった。

こうした優雅な愛称も、1990年代後半の高速列車の台頭とともに、次第に消えつつある。ドイツのICEも最初の頃は、すべての列車に愛称を付け、それこそ作曲家からオペラの題名に至るまで、ドイツ文化の香りを振りまいていたのだが、列車が増えるに従い煩雑に思うようになったのか、いつの頃からか、無味乾燥な列車番号だけになってしまった。

幸い、オーストリアを中心とした地域では、国際列車にまだまだ音楽ゆかりの列車が走っているのは嬉しいかぎりだ。ウィーンとチェコのプラハを結ぶ国際列車には、「グスタフ・マーラー」「スメタナ」「アントニン・ドヴォルザーク」といった列車が健在だ。なかでもドヴォルザークは鉄道ファンでもあったから、彼の名前を付けた列車が存在するのを草葉の陰で喜んでいるのではあるまいか。

最後に、私が一番好きだった音楽家名の列車であるが、それは今は亡き「モーツァルト号」である。パリとウィーンを結んだ昼行長距離国際列車は、旅に明け暮れたモーツァルトの足跡を忠実に辿るかのように、アウクスブルク、ミュンヘン、ザルツブルク、リンツ、そしてウィーンへと、でき過ぎたようなルートだった。その後、飛行機や高速列車の発達で運転区間がミュンヘン～ウィーン間に短縮されたあげく、2009年までに廃止になってしまったが、その快適で適正なテンポで走る走行音に耳を傾けていると、それがいつしかモーツァルトの音楽に聞こえてくる気がしたものだ。こうしたゆるやかに走る列車にこそ、音楽家の愛称がぴったりだったのだが、やはり時代の慌しい流れとともに、優雅な列車の旅も、文化の香り豊かな愛称も過去の思い出になっていくようである。

(N・T)

列車種別の呼び方は国によっていろいろ

●日本の列車種別はスピードが基準

鉄道路線にはさまざまな役割の列車が走っている。近距離客のためには停車駅の多い列車、長距離客のためには停車駅の少ない列車が運転され、停車パターンによって、列車の種別が決められている。

この列車種別だが、日本では、「特急」「急行」「快速」「普通」というように、速さを表す言葉を用いるのが一般的だ。この方法では、「特急は急行より速い」とか「急行は普通より速い」というように、種別間の序列もイメージしやすい。そうなると、「特急には料金が必要かも」「快速はかなり速くても料金は要らなさそう」などと、サービスの詳細にまで思いを巡らすことができる。種別の扱いは鉄道会社によってまちまちだが、多くの会社が全国共通の速さの表現を使っていることで、利用者は不慣れな路線でもサービスの見当をつけやすく、すぐに慣れることができる。

新幹線では列車の愛称が種別の役割を果たしているが、東海道新幹線の開業時は、「ひかり」は超特急、「こだま」は特急と区分されていた。新幹線と在来線を一体的に考えるなら、こうした発想が出てくるのは自然なことだろう。

●ヨーロッパの列車種別は役割を表現

ところが、列車種別の表現は万国共通というわけではなく、国によってかなり異なっている。

ヨーロッパの主な国を見てみよう（ＪＲのような全国規模の路線網で、国内運転を中心とする昼間の列車に限る）。

まず、イギリスでは、列車種別というものをあまり問題にしていない。イギリスでは20～30の列車会社が旅客列車を運転しているが、この中には長距離列車や短距離列車の専門業者が含まれており、全国各地で複数の業者が同じ線路を使っている。線路は別の組織が管理しており、列車会社は運営権（フランチャイズ）を取得して営業するのである。このシステムの下では、例えばロンドンからリバプールに行く場合は長距離専業のヴァージン社を選ぶことになり、列車は日本でいう特急のタイプと決まっている。つまり、鉄道会社を選ぶことが列車種別を選ぶことにもつながっているのだ。

フランスでは、列車種別は速いほうから次のように名付けられている。

ＴＧＶ（Train à Grande Vitesse）＝トラン・ア・グランド・ヴィテス（高速列車）

Ｃｏｒａｉｌ＝コライユ（「快適鉄道」を意味する造語で、「珊瑚」と同じ綴り）

ＴＥＲ（Train Express Régional）＝トラン・エクスプレス・レジオナル（地域内急行列車）

このうち、ＪＲの特急に相当するのはコライユ、首都圏以外の快速・普通にあたるのはＴＥＲである。このＴＥＲは速度の序列ではなく、ローカル輸送というカテゴリーを表すのだが、列車種別のように案内され、各駅停車も急行と呼ばれている。もっとも、日本にも「京浜急行電鉄」のような社名があり、「急行電鉄」が普通を走らせるのは珍しくないのだが……。

英仏両国とは対照的に、ドイツとイタリアでは、列車種別はバラエティに富んでいる。(注)ドイツの列車種別は、速いほうから次のように名付けられている。

ICE（Inter City Express）＝インターシティ・エクスプレス（都市間急行）
IC（Inter City）＝インターシティ（都市間）
IRE（Inter Regio Express）＝インターレギオ・エクスプレス（地域間急行）
RE（Regional Express）＝レギオナル・エクスプレス（地域内急行）
RB（Regional Bahn）＝レギオナル・バーン（地域内路線）

また、イタリアの列車種別は次のとおりである。

AV（Alta Velocita）＝アルタ・ヴェロチタ（高速）
ES（Eurostar Italia）＝エウロスター・イタリア
ESC(注)（Eurostar City）＝エウロスター・シティ
IC（Inter City）＝インターシティ（都市間）
E（Espresso）＝エスプレッソ（急行）
R（Regionale）＝レジオナーレ（地域内）

こうしてみると、速さを表す言葉は「高速」と「急行」の2つしかなく、これと対照的に、「都市」「地域」「○○間」という表現が好んで用いられている。

ドイツの例は、「地域間」を走る列車が「地域内」の列車よりも速いことを示しているが、走る距離が長くなるのだから、これは道理と言えるだろう。「地域間」と「都市間」の違いはわかりにくいが、地域は州や県のように面的な領域、都市は広野に浮かぶ島と考えればよい。すると、地域間列車は面から面へ地表を撫でてゆくイメージ、都市間列車は点から点へ一気に跳ぶイメージになる。こうして、「地域間」列車よりも「都市間」列車のほうが速いという序列が成り立つのである。

このように、ヨーロッパの列車種別は、しばしば列車の役割によって速さを暗示するようになっている。それ以外では、イタリアの「エウロスター」のように、好ましいフレーズをそのまま種別名にしてしまうことが多い。

それにしても、ヨーロッパの列車種別では、列車の運転距離と停車パターンの関係を固定することになり、柔軟性のある名付け方とは思われない。長距離の各駅停車とか、短距離のノンストップ列車などを設定する時はどうするのだろうか。

●「特急」は「インターシティ」

以上からわかるように、「特急」や「快速」は日本固有の表現であって、ヨーロッパの言語には直訳できないが、ＪＲ在来線特急に相当する種別は、ヨーロッパでは英語の「インターシティ」となる。この言葉は１９７０年頃出現し、またたく間にヨーロッパに広まった。今ではこれを超える速度の種別も多くなったが、日本でも旧来の特急より速い「スーパー○○」のような名前の列車が走っているので、その点でも関連性を想像しやすい。（Ｓ・Ｍ）

（注）▼ドイツの列車種別……ドイツにはD列車やS列車という種別もあるが、これらは昔の名残であり、現在の列車種別の序列に組み込むことはむずかしい。
▼ESC……エウロスター・イタリアとエウロスター・シティはほぼ同格。使用車両が異なるので、鉄道愛好者にはありがたい区別だが、一般の利用者には不要なことかも。

ヨーロッパの列車は右側通行？

日本では自動車は左側通行、ヨーロッパは右側通行。ただし、イギリスは日本と同じ左側通行。これは常識といっていいだろう。では鉄道車両は？

単線の場合はもちろん右側も左側もない。しかし複線であってもヨーロッパの場合、上り下りが固定されておらず、どちらの線路も両方向に利用するというケースもある。たとえばＴＧＶがそうだ。単線が2本並んでいるのと同じで、実際に路線工事などの際には単線として機能する。こうなると右か左かは状況次第ということになる。しかし、日常的な運行には左右が決まっていたほうが何かと都合がいいのは間違いないし、TGVでも一応決まっている。

では、左右どちら側を通行するかといえば、イギリス、フランスは左側通行、ドイツは右側通行といった具合に、国によって異なるというのが正解だ。イギリスとドイツでは鉄道の進行方向は逆だが、それぞれ自国の自動車の通行と同じだと考えれば納得できる。日本の鉄道も、車と同じ左側通行が基本だ。

しかし、フランスでは自動車と逆になっている。これは鉄道黎明期のフランスが、鉄道先進国であったイギリスの技術を導入したためだと言われている。最初にイギリス方式でつくってしまったため、あとから変更するのが難しくなったというわけだ。もともと、道路交通がヨーロッパの大陸部で右側通行に統一されるようになったきっかけはナポレオン戦争だと言われており、フランスは道路については自国方式をヨーロッパ標準にできたが、鉄道ではイギリスに「大陸侵攻」されてしまったことになる。

そのため、フランス国内でも、後に導入された地下鉄は右側通行となっている。道路を走る路面電車は自動車と同じでなければ都合が悪いので、イギリス以外の国ではほぼ右側通行だし、地下鉄もそうだという国が多い。スウェーデンでは1967年に、それまで左側通行だった道路を大陸標準の右側通行に改めた際に、路面電車のほとんどを廃止している。線路やホームを造り直さなくてはならない鉄道では、道路の切替えより大がかりな作業にならざるを得ないため、事実上不可能なのだ。

ところが、左側通行のフランス国鉄の鉄道網のなかで、アルザス・ロレーヌ地方だけが右側通行となっている。ドーデ(注)の『最後の授業』という文学作品でよく知られているように、独仏国境地帯にあるアルザス・ロレーヌ地方は、普仏戦争の結果、1871年にフランスからドイツへと割譲された。このときドイツは、鉄道をドイツ式の右側通行に改めた。しかし第1次世界大戦後にこの地域がフランス領に戻った際には左側通行に戻されなかったため、現在に至るまでフランス国内で唯一、右側通行となっているのである。

実際の路線で考えてみよう。車でパリからロンドンに行く場合、ユーロトンネルのカートレインを降りたところから左側通行になって戸惑うが、ユーロスターはパリからロンドンまで同じ左側通行で走っている。ベルギー、イタリアも左側通行なので、パリからブリュッセルやミラノに向かうTGVも問題ない。しかし、ルクセンブルクやフランクフルト行きTGVは、国境のあたりで左右が入れ替わる。ちなみに、TGVの運転台は、初期のタイプではフランス仕様で左側に付いていたが、最近のタイプでは中央に付いている。

複雑なのはTGVのパリ発チューリッヒ行きだ。パリを左側通行で出発し、ロレーヌ地方の高速新線から在来線に入る地点で立体交差で右側通行となり、アルザス地方に入ってフランスとスイスの国境駅・バーゼル駅構内で左側通行に戻る。スイスは左側通行なのでフランスと同じだからだ。

国際列車でヨーロッパ内を移動する場合、道路と違って標識なども特にないため、どこで国境を越えたかわからないし、何も変わらないと感じることも多い。実際には架線の電圧なども切り替わっているはずだが、それは乗客にはわからない。しかし、意外なところに国による違いがあるのだ。

（T・H）

（注）▼ドーデ……『風車小屋だより』などの作品で知られるフランスの小説家。『最後の授業』はドイツ語しか教えることができなくなった学校を去らねばならなかったフランス語教師の愛国的エピソードである。

列車の乗務員を記念に撮影。車掌（右端）だけは制服を着用していた（撮影：H・T）

運転士のスタイルは

日本では、「鉄道員」といえばみんな制服姿で凛々しく仕事をしている。制服の違いはあっても、運転士も車掌も同じである。

ヨーロッパでは、車掌は客商売ということから制服に身を包み、てきぱきと仕事をしているのは日本と同じである。ところが、運転士に関しては、少々状況が異なる。

運転士あるいは機関士というのは、乗客とじかに接することのない職務である。日本と違って、電車やディーゼルカーのような運転席と客室が壁一つで分けられているだけの車両ではない機関車牽引の客車列車が多いヨーロッパの場合、機関士と乗客が接する機会は少ない。だからだろうか、機関士は制服ではなく、思い思いの着慣れた私服で仕事をすることが多いようだ。

夏の暑い盛りなど、Tシャツ姿で運転しているのは普通である。それどころか上半身裸で運転している機関士を1994年に見かけたこともあった。さすがに客車列車ではなく、広大なヤードを行き来する入替え用のディーゼル機関車を運転していたが、客商売とは程遠い任務だったので、それでも誰も文句を言わないのであろう。

運転スタイルといえば、運転席の脇にコーヒーカップを置いている運転士をよく見かけた。日本なら許されないのであろうが、ヨーロッパでは当たり前のようにコーヒーあるいは紅茶を飲みながら運転している。もっとも走行中かどうかは分からない。駅に停車中のときに一息つくのだろうか。まあ、ビールやワインを飲んでいるのではないので大目に見てもいいのでは、と思う。

ところがである。ある時、ドイツで蒸気機関車のイベント運転に出会ったことがあった。大型の蒸気機関車で、日本でいうとC62型あたりに相当する往年の急行列車牽引機01（ゼロイチ）型だった。ただし、DB（ドイツ鉄道）の本線上ではなく、普段はあまり列車の走らない臨港線を使ってのノロノロ運転で、旧式の客車や貨車を引っ張っていた。

その貨車というのがビール会社のもので、模型によくある派手な塗装のおもちゃのような貨車だったが、中身は本当にビールがケースに詰まっている。途中の停車休憩時に、係員が瓶ビールを売っていた。もちろん私も一瓶購入し、ラッパ飲み。夏の暑い日だったから、うまいことこの上なかった。係員は気前よくビールを振る舞っていたが、突然、栓を抜いたビールを機関車のところへ持って行き、大きな声で「一杯飲ましてやるよ」とタダで機関士に渡した。機関士も喜んで受け取り、ラッパ飲みしながら、汽笛を鳴らして出発となった。

よく考えれば、これは飲酒運転である。でも誰も咎めるでもなく、当たり前のように喜んでお祭り騒ぎだった。ドイツでは、ビールなんて水みたいなものだし、彼らはめっぽう強いから何ともないのだろう。それにしてもビール瓶片手に蒸気機関車を運転するとは……。

日本では絶対ありえない光景を見てしまった。まあ、お祭り気分のイベントだから特別なのだろう。普段は、コーヒーだけなのだと信じたい。（N・T）

この路線、土・日曜は走りません！

もう10年以上も前の、１９９８年頃のことである。フランクフルトで1泊しようと旅行会社でホテルを探してもらったことがあった。今なら、インターネットで検索して予約するところだが、当時の私は、まだそうしたことができなかった。

いつもならフランクフルト中央駅近辺の鉄道旅行に便利なホテルを予約するのだが、メッセだか大規模な国際会議だかが開催中の期間らしく、めぼしいホテルはすべて満員だった。わずかに余裕のある部屋は恐ろしく高価で、私にはお手上げ状態だった。そこで、フランクフルト近郊に範囲を広げて、ドイツ鉄道（DB）の駅近くということで調べてもらったら、幸い郊外のDB路線の駅近くに手頃なホテルが見つかった。フランクフルト中央駅まで直通列車で15分ほどという案内もホテルのパンフレットに書かれていたようなので、そのホテルに予約を入れてもらった。

北欧や北ドイツを回って、列車でフランクフルト入りしたのは、8月下旬の日曜日の午後だった。フランクフルト中央駅の案内所でホテルの最寄り駅への行き方を尋ねると、意外にも係員は列車では行けないという。不思議に思って理由を聞くと、その駅のある路線は、土・日曜は全列車運休なのだそうだ。どうすればいいのか思案していると、レンタカーを借りるか、タクシーで行くしか方法がないとも言う。ただし、明日は月曜日だから列車は動くとも教えてくれた。

フランクフルト中央駅からタクシーに乗るのでは料金もかさむので、空港駅まで列車で行き、そこからタクシーに乗るようにとのアドバイスに従い、空港駅からタクシーを飛ばした。ドイツならどこにでもある白いベンツのタクシーだ。広い道を気持ちよくすっ飛ばして、10分もしないうちに目指すホテルに横付けとなった。

外はまだ明るかったので、荷物を部屋に置いて、さっそくホテル周辺を散策することにした。

静かな住宅地が続き、人影もまばらだ。その先に、小さな駅舎があった。これが土・日曜運休というDBのローカル線の駅だった。大都会フランクフルト近郊なのに非電化単線の路線で、駅構内は行き違いできるように2本のホームを挟んで上下線の線路が敷いてあった。一昔前の東京近郊の八高線や川越線のような風情だ。

改札口はないので、勝手にホームに出てみた。人っ子一人なく、静まり返っている。本当に列車は来るのだろうか？　廃線になってしまったのではないだろうか、との不安もかすめた。念のために駅舎内にあった時刻表を見ると、1時間に1〜2本の列車時刻が記され、月曜から金曜まで運転と書かれていた。

翌朝、ホテルをチェックアウトするときに、念を押すように係員に「列車で中央駅まで行きたいのだが」と言ってみた。係員は不審な表情一つせず、駅は歩いて行けるからと補足してくれた。「昨日は、列車は動いていませんでしたね」と言うと、「今日は月曜だから動いていますよ」と微笑んでくれた。

ホテルを出て、昨日、下調べをしておいた閑散とした駅に向かった。着いてみて驚いたことには、日曜の午後と打って変わって結構な数の通勤客が列車を待っていた。

ほどなく、日本のDD13そっくりのディーゼル機関車に引かれた客車列車がやってきた。これはさらに郊外へ向かう列車だ。続いて反対側のホームに、フランクフルト中央駅行きの列車がやはり同型のディーゼル機関車に引かれてやってきた。客車は3両か4両くらいの編成で、2つあるドアがいずれも車体中央に寄った近郊型タイプだった。なんと1等車も繋がっている。私はユーレイルパスを持っていたし、2等は満員だったので、1等車に乗り込んだ。

1等車は、モダンなコンパートメントタイプだったが、やはりどの部屋も先客がいた。その一つに断って入ると、座っていたのはネクタイを締めスーツを着たビジネスマン風の男だった。静かに新聞を読んでいる。

列車は、のどかな田園地帯を駆け抜けると、次の駅からは電化された幹線に合流。緑豊かな森の中を走ってあっという間に市街地に入り、ダイヤ通り15分ほどで中央駅に到着した。ごく普通の近郊列車で、想像したよりも車内は混雑していた。それなのに土・日曜運休とは……。通勤時間以外の時間帯のことは分からないが、利用するのはフランクフルト中心部へ向かう通勤客ばかりで、休みの日はきっと利用客が激減するのだろう。

それにしても思い切ったダイヤを作ったものである。また、それが当然のことのように現地の人たちに受け入れられているのにも驚いた。

（N・T）

列車の遅れとは

秒単位の正確さを誇る日本の鉄道。災害や事故でない限り、列車が遅れることはない。高速で走る新幹線でさえ、驚異的な正確さを誇り、何かの都合で２～３分遅れただけで、何回もお詫びの車内放送が入るほどである。

ヨーロッパの鉄道の場合はどうだろうか？

国によって違いはあるが、いい加減と噂される南欧の国々でも、国鉄の民営化など体制の変更後、かなり改善されてきた。一方、正確だと世評の高いゲルマン系の国々、とくにドイツは、私の経験ではそれほど正確とは言えないのではないかと思うのである。

何回かドイツを鉄道で旅した経験では、列車はほぼ正確に運行されている。いつ来るかわからなくて途方にくれることは、突発的な事故のとき以外ないといっていい。それは、ドイツの名誉のために断言していいだろう。しかし、極めて正確に秒単位の狂いもなく運行されているとは、絶対に言えない。時計を見ながら列車の到着や出発を駅で見守っていると、しょっちゅう遅れるのである。

ただし、その遅れは僅かである。せいぜい１～２分とか、ちょっと遅れたなあと思っても、３

〜4分である。そして、その程度の遅れに関しては、絶対と言っていいほど、お詫びの車内放送や駅のアナウンスはないのである。駅構内の発車案内板でも、5分以内の遅れの掲示は見たことがない。「列車が遅れます」との掲示やアナウンスがときどきあるが、それは10分以上遅れる場合のようだ。それでも、ラテン系の国々の人から見れば、それは驚異的な正確さであり、賞賛に値することとなる。

このように、ある意味では、ラフな運行状況ばかりを体験していた頃、何かのメディアで列車の遅延率のような統計を目にする機会があった。すると、ドイツやスイスの鉄道の定時運行率は、90何パーセントとあった。それは嘘だろう、何かの間違いだろうと、そのデータのでたらめさを誰かに話したことがあったが、そもそも定時の意味が日本とヨーロッパでは違うのではないのか、と相手に言われてハッとした。

日本では、秒単位の正確さが当たり前なので、1分でも遅れれば、それは遅れとカウントする。しかしヨーロッパでは、例えば5分以内の遅れは遅れとカウントせず、定時の枠内に入るのではないか。

「ほぼ正確」なら、それは目くじらを立てるべきことではないのだろう。そこには、社会の寛容さとか、時間の流れ方の違いがある。そう判断するより仕方のない、考え方の違いが日欧の社会や文化には横たわっているのだ。列車の接続を待ったり、ホームで、駆け込んでくる人をせかすことなくのんびり待ち構える車掌。そうしたさまざまな事情を勘案すれば、僅かの遅れはやむを得ないし、遅れと思ってはいけないとの社会の合意があるのではないか、とさえ思えてくる。

「ほぼ正確」ということでは、列車が早く到着することも、ヨーロッパではしばしば経験した。特に長距離の夜行列車では、５分以上早く着くこともよくあった。早く着くことに何の不都合があろう。時間に余裕ができていいではないか、と言う人も大勢いた。でも、鉄道ファンとしては、列車が定時に走ってくれなくては困るのである。そのせいで、何回列車の到着シーンを撮影しそこねたことだろう。

（N・T）

全身に入れ墨をしたような落書き列車

その国や都市をよく知るには、公共交通機関を利用するのが一番であり経済的なので、鉄道やバスをよく利用する。そのなかでも、行き先やルート、所要時間がわかりやすい鉄道がおすすめである。その鉄道で、落書きを見かけることがある。日本であれば、列車に落書きがされるとちょっとしたニュースになり、すぐに落書きは消去されてしまう。では、ヨーロッパではどうなのだろうか。これまで見てきたところでは、列車への落書き（グラフィティ）が一番ひどいのはイタリアである。

ローマを訪れた時に、ローマの中央駅であるテルミニ駅から地下鉄を利用した。

ここには地下鉄のA線とB線が乗り入れているので、どちらの方向に行くのにも便利である。乗車券は1ユーロ均一。朝の通勤時間帯にテルミニ駅からA線に乗車したところ、狭いホームは乗客で混雑しており、車内を見ると東京とほぼ同じかそれ以上の混雑ぶりである。ラテン系のイタリア人もこのような混雑した電車で仕事や学校に向かっているのかと思うと、ちょっと親近感を覚える。

しかし、ここで驚いたのは地下鉄車両の落書きである。日本で見かけるような半端なものではなく、まるで全身に入れ墨をしたような地下鉄電車が走っている。しかもどの列車も同じように、全車両すべてに派手な落書きがされている。

ローマの地下鉄までひどくはないが、同様な事例をドイツの首都ベルリンのSバーン（近郊鉄道）で見かけた。ここでは車体ではなく窓ガラスに、鋭い金属で傷をつけて落書きをするのである。窓ガラス全面に傷がつけられていて、車内から外の風景が見えない窓もある。座席はというと、カラースプレーで落書きをされても目立たないように、座席カバーは迷彩模様のビニールになっていた。しかし、それでも車内や座席の何カ所にも落書きがされていた。

以上は車両の事例であるが、沿線の防音壁や橋脚、駅舎への落書きも、ヨーロッパで列車に乗っていると車窓からよく目にする。

防音壁や柵があるため線路内には人が入れないようになっているのに、どうやって侵入して落書きをしたのか不思議に思えるような場所にまで落書きがされている。彼らは一種の芸術家気取りなのだろうか、それとも当局の目を盗んで落書きをすることに快感を覚える愉快犯なのだろうか。

10年以上前のポーランドの国鉄では、イタリアと同じような落書きだらけの車両が多かった。ところが、国鉄から民営化するために分社化された頃から落書きへの取締りが厳しくなってきたのか、落書きは急速に減少していった。いずれにしても、鉄道当局の方針次第で、落書きを減らすことはできるのだと思う。（A・Y）

自転車も旅のお供に！　鉄道と自転車

●列車内に自転車は日常的な光景

日本の田舎を車窓から眺めていて、ああ、こんな雄大で美しい景色の中をサイクリングできたら実に気持ち良いだろうなぁ……なんて思うことがよくある。

しかし冷静に考えて、ここは自分の住まいから何百キロも離れた場所、自走するのは不可能に近く、どうやってここまで自転車を持ってくるんだ、と自分の妄想に終止符を打つことしばし。日本には、自転車を列車内へ積み込む習慣もなければ、設備も対応していないため、どうしても運びたければ、自転車を解体して袋に入れて運ぶ「輪行」という手段しかない。しかし、運ぶためにいちいち解体して袋に詰めること自体、すでに一般的とは言いがたく、鉄道で自転車を運び、旅をするということは日本では難しいと言わざるを得ない。

一方、ヨーロッパでは、自転車をそのまま車内に積んで旅することが日常的になっている。登山電車や高速列車などの特殊な列車を除き、たいていは自転車積載スペースがあり、皆そこに自転車を積み込んで目的地へ向かうのだ。自転車の積載は普通鉄道に限らず、都市によっては地下鉄、はたまた路面電車にまで積載可能な都市もある。ただし、これらは車両自体が狭く、混雑した車内では載せられないので、平日ラッシュ時の積載はできない。

自転車積載可能な車両に付けられた自転車マーク（撮影：M・K）

そもそも日本と違い、ヨーロッパでは大きな都市でも自転車専用道が整備されているところが多いた

車内に積み込まれた自転車（撮影：H・T）

め、都心部での積載にはあまり大きな意味はなく、むしろ都心から郊外への比較的長距離の移動に重宝されている。

積載可能な列車は、国によって異なっている。たいていは、いわゆる「ローカル列車」が中心で、高速列車への積込みはできない場合が多いが、観光立国スイスでは、ほとんどの列車へ積込みが可能となっている。また、他の国からスイスへ乗り入れる列車も、例え高速列車といえども、自転車積載スペースが確保されている場合が多いのは興味深い。

自転車の積載には、乗車券とは別に一定の追加料金が必要で、例えばスイスでは、距離に応じて金額が変わり、平日1日載せ放題だと10スイスフランとなる。自動券売機には、自転車積載券の項目があり、手軽に買える。日本と違い、「車内精算」という概念があまり浸透していないヨーロッパでは、事前に窓口で正しい乗車券を購入しておかないと罰金を徴収されることも多いのだが、さすが観光立国のスイス、車内で車掌に言って精算することも可能である。

自転車積載が可能な車両には、車体のどこかに必ず自転車のマークが記されており、そこに載せる。とくに最近は、低床式になっている車両が多く、たいていの場合はホームから車内への積み込みは女性や子供でも容易にできる。客車に自転車積載ができない場合は、機関車や荷物車に載せることもある。ただし、こういった低床式の車両には、乳母車や車椅子も載せることがあるので、邪魔にならないように気を付ける必要がある。

車内の自転車積載スペースには、駐輪場にあるような、車輪を留める金具が設置されており、そこに倒れないように固定する。なかには効率よく積み込むために、天井付近から伸びる金具に前輪を吊り下げるようなタイプもあるのだが、実際使ってみると、これがなかなか苦労する。特に重い荷物を持っている場合など、金具に前輪を引っ掛けるのも一苦労。他に人がいたりすると、つい焦ってしまってますますうまくいかず、もたもたしているうちに、うっかりチェーンに塗ってある油が手にべっとり付いてしまったりする。

なので車内が空いている時に限っては、ちょいと失敬とばかり車両の端に置かせてもらったりする。

●坂道の多いスイスで自転車が重宝？

さて、スイスを旅した際、「レンタバイク」という、スイス国内の交通事業連合「スイストラベルシステム（STS）」が展開する貸し自転車を利用したことがある。スイス国内の主要駅で簡単に借りることができ、乗捨ても可能（ただし追加料金が必要）、返却する場所も自由に選べるという便利なシステムだ。価格も、レンタカーを借りることを考えれば半額以下、「自分自身への燃料代（?）」を除けば、諸経費も掛からない。

スイス国内は山が多いイメージで、本当に自転車なんて乗れるの？　という質問を多く受けるが、ここで思い出して欲しい。スイスでは前述のとおり、登山鉄道などの特殊な列車を除き、自転車の積載が可能……。ということは、普通鉄道で行ける山の中腹くらいの場所までは自転車を載せられるということを。

例えば日本人にも人気の高原リゾート、グリンデルヴァルトまでは、麓にある湖畔の街インターラーケンからベルナーオーバーラント鉄道（BOB）という私鉄が出ているが、これにも自転車の積載が可能。つまり、グリンデルヴァルトまで上りの片道は列車で移動し、あとはインターラーケンまでを自転車で一気に下ってくる、ということもできるのだ。

普通鉄道とはいえ、ＢＯＢは途中にラック式線路も存在する急勾配路線。標高１０３４メートルのグリンデルヴァルトと標高５６８メートルのインターラーケンは標高差が４６０メートル以上もあり、途中の下り急勾配ではかなりのスピードになる。

このように山の多いスイスでも、鉄道と自転車を上手く組み合わせれば、また違った旅の楽しみを味わうことも可能なのだ。

（Ｈ・Ｔ）

第2章

車内編

TGVに乗るには

フランスの地中海沿岸にあるマルセイユに行くために、パリ・リヨン駅から高速列車TGVに乗車することにした。このリヨン駅は1847年に開業し、トランブル（青い列車）という名前の有名レストランがあることでも知られている。

まず、乗車する際に気を付けないといけないことは、日本の新幹線と違ってTGVには自由席がないことである。このため事前に切符を購入しておくか、少し早めにパリ・リヨン駅に行って買う必要がある。

私の場合、乗車希望TGVの出発40分前にパリ・リヨン駅に到着して切符を買おうとしたが、たまたまフランスの連休と重なったため、希望したTGVは満席で乗車できなかった。それなら立ち席に乗ろうと思い、ホームに行って車掌に頼んでみたが、まったく交渉の余地もなく断られてしまう。後発のTGVも満席で、結局予定の2時間半後に出発するTGVしか切符はなく、リヨン駅で2時間以上も待たされることになった。新幹線なら自由席に飛び乗って、立ってでも行けたのにと思う。

指定席が取れた後、列車の出発案内表示を見ながらホームの近くにある待合所で待つが、乗車するＴＧＶが何番線から出発するかの案内がなかなか表示されない。そのため待合所には多くの旅客が集まってくるので、それだけのスペースが必要である。待ちながら駅構内やホームを眺めていると、ホームでは頻繁にＴＧＶが発着し、多くの乗客が往来する。２００１年にＴＧＶの地中海線が開業したため、利用客が増えたからであろうか。発車時刻の20分前に、ようやく乗車する列車の出発ホームが表示された。いくらＴＧＶのスピードが速いとはいえ、これでは無駄な待ち時間が多すぎる。

出発ホームが表示されると、そのＴＧＶに乗車する人々が一斉に同じホームに向かう。ここで忘れてはならないのは、ホームの手前にある刻印器での切符への刻印（フランス語でà composter＝アコンポステという）である。怠ると、車内で罰金を取られることになる。このパリ・リヨン駅のホームは幅5メートルくらいと狭く、乗車客で混雑しているだけでなく、それを縫うようにして荷物や食糧運搬用の作業車も通る。出発前のホームは大混雑となるとともに、危険ですらある。比較してみると、やはり日本の新幹線の駅は、大量の乗客を短時間かつ安全にさばくようにうまくできていると思う。

ＴＧＶのパリ南東線と地中海線は、フランス国鉄の高速新線（ＬＧＶ）のなかでも輸送量が一番多く、輸送力増強のために10両固定編成のＴＧＶを2編成併結して運行することが多い。今回、私が利用したTGVも2編成が併結されていて、さらに私の指定席は先頭方の編成にあったので、頭端式のパリ・リヨン駅の場合、延々と300メートル以上も重い荷物を持って歩かされる羽目になった。

この頭端式駅というのは、新幹線のような通過式でホームへの通路が何カ所もある駅構造と比較して、乗客には不親切なつくりである。パリにあるTGVの出発・到着駅であるパリ・リヨン駅とモンパルナス駅、北駅、東駅は、すべて頭端駅になっている。

こうしてやっとの思いでTGVに乗車する。

日本と違って駅構内の案内放送は、よほどの異常事態の時を除き非常に少ないし、列車の遅延情報は出発案内板にしか表示されない。さらに日本と違って出発時の合図はない。ヨーロッパの列車に乗り慣れてくると問題はないが、日本と同じ感覚で発車ベルが鳴ってから出発と思っているると乗り損ねることがあるので、注意が必要だ。とにかくヨーロッパの列車は、自分の責任で乗車・下車をしなくてはならないのである。

出発合図もなく静かに動き始めたTGVに乗っていて、今回経験したことを考えてみた。やはりTGVが出発するまでに、新幹線と比較して乗車時の無駄な時間が多かった。このように列車が出発するまでにかなりの時間がかかるなら、いくらTGVの最高速度や表定速度（中間駅での停車時間を含めた平均速度）を自慢にしても、旅行速度（新幹線や高速鉄道の駅に到着してから乗車するまでの時間と中間駅での停車時間を含めた平均速度）を比較すれば、日本の新幹線は、世界最速時速３５０キロの中国の高速列車ＣＲＨ（China Railway High-speed）やフランスのＴＧＶよりもまだまだ速いと言えるのではないだろうか。

（Ａ・Ｙ）

列車に乗ったらすぐに車内検札があると心得よう

音もなく列車が発車する。長いホームが流れ去り、やがて駅の構内を離れる。

今朝はなんとも慌しかった。駅に着いた時は発車5分前。乗車ホームを確認するのに3分を要し、辛うじて飛び乗った。

座席に身を埋めて、さて……。昨夜の寝不足もあり、一眠りしようと目を閉じたら、ものの1分もしないうちに頭の上から「ミスター」と声がかかった。見上げると、初老の大柄の車掌ではないか。

「チケット、プリーズ」ときた。瞬間、「ああそうだ。これをすませないことには寛《くつろ》げないんだった」と朦朧《もうろう》とした頭が少し回転する。

ヨーロッパの列車のなかでは、よく経験することである。

「ユーロスター」など、一部の例外はあるが、ヨーロッパの駅には改札口がない。大きなターミナルといえども、コンコースからそのままホームに続いているのが普通だ。だから改札も行なわれない。

その代わりに、必ず行なわれるのが車内検札だ。たいてい、発車するのを見計らってすぐに車掌がやってくる。そして、切符を確認しながら「どこまで行くのですか」といったことを尋ねる。車掌は、駅に着くごとに新たに乗り込んだ客にこの行為を繰り返す。

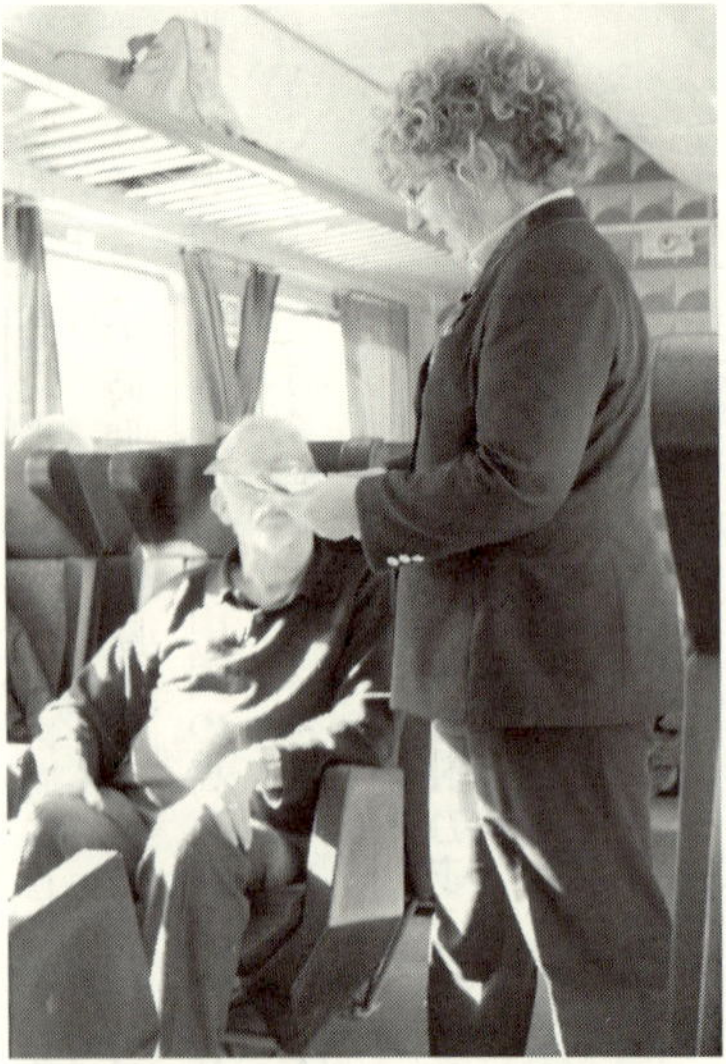
列車に乗ると必ず行なわれる車内検札
（撮影：H・T）

車内を観察してみると、検札の際に慌てて切符を探す乗客はほとんどいない。これは、そういう習性がヨーロッパの旅行者には身についているからのことだろう。

そこで、教訓。

列車、特に優等列車や長距離列車に乗る時はすぐに車内検札があると心得て、いつでも切符を取り出せるようにしておくほうがいい。もし、煩わされたくないと思ったら、座席の前のテーブルなどにさりげなく載せておく。そんな時は、車掌は起こしてまで行き先を聞くような野暮なことはまずしない。

ついでにもう一つ。たとえば乗車券を持たずに飛び乗った場合など、日本のように車内で精算することができない。どんな理由があれ、不正乗車とみなされて破格の罰金が加算されるからご用心。

列車を間違えて乗ってしまった場合も車掌の態度は厳しい。

7～8年前に経験したことだが、スイスのバーゼルからパリに向かった時、違う列車に乗ってしまった。実はこの時は、間違えたことさえ知らずにいたのだが、その列車はストラスブール行きだったのだ。車掌に指摘されて気が付き、釈明にこれ努めたが、いくら粘っても聞き入れてくれず、結果、通常の5倍ほどの金額を払わされてしまった。

このあたり、日本のような情緒的な対応はまず期待できないから、心しておきたい。（H・R）

静かにしなければならない席と騒いでも良い席がある

日本の鉄道では、「車内での携帯電話はマナーモードのうえ、通話はお控えください」という内容の車内アナウンスがよく流されているが、ヨーロッパの列車では、そういったアナウンスはま

サイレンス車両に貼られた案内。携帯電話、ヘッドホン、タバコを禁止している（撮影：S・H）

ったくといっていいほどない。

タリス（パリとブリュッセル、アムステルダムを結ぶ国際列車）やユーロスターなどの高速列車に乗れば、車内でパソコンを開き、商談をするビジネスマンを多く見かける。また、一般の乗客も携帯電話で話をしていたり、学生同士でカードゲームに興じたりしている。列車によっては、結構ざわついているのがヨーロッパならではである。

しかも、ヨーロッパでは車内で携帯電話を禁じているところは少ない。禁じている列車であっても、デッキなどに携帯電話を使ってよいスペースが設けられている。

過去には、一晩中楽しめるようなディスコ車両も編成されていたことがあった。

日本人の感覚でいえば、なんて寛容な鉄道と見られてしまうかもしれないが、そこは大きな勘違いである。

すべての国ではないが、ヨーロッパの列車にはサイレンス車両（Silence Car）と普通席車両といったものがある。要は、友人同士や家族同士でおしゃべりしたい人や携帯電話で話したい人用の車両と、車内で静かに過ごしたい人用の車両が分かれている。ある意味、ヨーロッパ人ならではの合理的なルールである。

通常の普通席車両では、おしゃべりしてようが、携帯電話で話してようが、イヤホンでミュージックプレーヤーを聴いていようが、カードゲームで楽しもうが、注意されることはない。

それとは逆にサイレンス車両では、携帯電話はもちろんのこと、声高におしゃべりをしてはいけない。さらには、ミュージックプレーヤーで音楽を聴くことも禁じている国もある。いろいろと制約されることは多いが、その分、車内では静かにゆっくり過ごすことができるのだ。（S・H）

コンパートメントは小さな社交場

宿泊したホテルでエレベーターに乗ったとしよう。見ず知らずの人と乗り合わせた時、日本であれば軽く会釈くらいするかもしれないが、黙ったままで別れてしまうことがあっても、それは別に普通のことかもしれない。何かの拍子に世間話をすることもあるが、それは、たまたまということで、一言も言葉を交わさなくてもおかしくはないのである。

ところが、ヨーロッパでは、人々はエレベーターに乗り合わせれば必ず挨拶をする。降りるときも、「では、また」といった感じの言葉を発して去って行く。それが礼儀というもののようだ。

同じことは列車内でもいえる。車掌が切符をチェックする時でも、「こんにちは」と挨拶してから、「乗車券を拝見します」と言うのだ。だから、2人掛けの座席で相席になったときに黙ったまま隣に座ったり、何も言わないで降りて行くことは礼儀に反するようだ。とくに、個室であるコンパートメントの場合は、それが際立つ。

コンパートメントが自由席の場合は、「ここ空いていますか?」と先客に尋ねるのが礼儀というものだろう。そして、たとえ指定席であっても、当然のように黙って座るのではなく、同室者には「こんにちは」と挨拶するのが慣わしだ。その後は、会話が続く場合もあるし、読書などに集中していて沈黙してしまう場合もあるが、降りる時も別れの挨拶だけは必須なのだ。

コンパートメントの場合、スーツケースのような大きな手荷物は、座席の脇に置くスペースはない。いきおい、座席の上にある二段の網棚に上げなければならないが、これが意外に大変な作業となる。その場合、読書に耽っていた人でも、さっと本を閉じて、荷物を持ち上げる作業を手伝ったりする。とくに女性が荷物を持ち上げようとした時などは、彼女が若かろうが年寄りだろ

向かい合わせに座席が並ぶコンパートメント（撮影：N・T）

うが、そんなことには関係なく、男性客は優しく手を差しのべるのだ。そのやり方を見ていると、実にスマートで、下心などたとえあるにせよ、微塵も感じさせない態度である。

乗車中は、それぞれの個人的な事情もあろうから、話が弾んだり、黙ったまま読書や景色を見ながら物思いに耽ったりと、それは自由だし干渉することではない。しかし、降りるときは、乗車中の態度に関係なく、別れの挨拶をしっかりして部屋を出て行くのが礼儀というものだ。

ある時、オーストリアの特急列車に乗っていたら、2人の幼子を連れた老婦人が途中駅で下車することになった。子供たちは結構やんちゃそうな態度で、ドアを開けて勝手に出て行こうとしていた。するとおばあちゃんは、2人を引き戻して、私を含めた他の同室者に、きちんと「さよなら」を言うよう指示した。そして、2人が私たちにはっきりした声で、それぞれ「さよなら」と言うのを確認すると、最後に自分も「さよなら」と言って廊下へ出て行った。

今の日本では、ないがしろにされてしまっているような些細なことではあるが、こうした躾《しつけ》が思いやりのあるヨーロッパの社会を形作っているのだな、と改めて実感した。　（N・T）

列車の窓を開けてはいけないのか？

春の清々《すがすが》しい陽気に誘われて列車の旅をすることがある。ローカル線の列車に揺られて、田園風景のなかをのんびり進む。ふと爽やかな風に身を任せたいと思う。窓が開く車両だったら、大きな窓から大自然の香りが漂ってくる。なかには、風に触れることを目的としたトロッコ列車がある。トンネルに入ると、思ったよりも空気が冷たく、春先だったら寒く感じることもあろう。

窓からの自然の風が頬を撫でていく。風が強いと、紙切れが飛んで行ったり、立てかけたペットボトルが倒れたりといったトラブルもあるけれど、これはあらかじめ気を付けておけばすむことだ。相席になった場合には他人の了解が必要だろうが、まさか車両の別の席に座っている乗客から、窓を開けていることでクレームが付くことはないだろう。

以上は、日本での話である。これがヨーロッパを旅していると、時と場合によってはとんでもないトラブルの種になる。

１９９４年の夏のことだが、ドイツ南部のローカル線を旅したことがあった。

わずか1両のディーゼルカーで冷房のない車両だ。夏だったので、車内は少々暑苦しい。コンパートメントではなく、中央の通路を挟んでボックス席が並ぶ、どこにでもある普通の車両だった。私は、窓を少しだけ開けて、外気を取り入れていた。爽やかな風が心地よい。

途中駅から乗ってきて、近くの別のボックス席に座ったのは、長身の20代後半か30代前半くらいの男性だった。大きなリュックを背負って車内に入ってきたから、１人旅のバックパッカーのようだ。彼も車内は暑いと思ったのか、リュックを座席に置くと、窓を大きく開けた。

列車が出発すると、窓から風が入ってくる。彼は窓から身を乗り出すようにして、心地よさそうに列車の旅を楽しみ始めた。その時である。

車内にいた乗客が、大声で怒鳴りながら彼に窓を閉めるよう指示したのだ。彼はドイツ人ではなかったらしく、ポカンとしていた。怒鳴った男が彼に詰め寄ってくると、彼は英語で「なぜ閉めなければならないのか?」と尋ねた。アクセントから察するにアメリカ人らしい。男は理由をきちんと説明するでもなく、強引に窓を閉めようとした。アメリカ人は、相手が理由を言わないので、手を遮って、窓を再度大きく開ける。激昂したドイツ人は、再び強制執行だ。これに気付いた車内は騒然となってしまった。私も、とばっちりを恐れて、窓をそっと閉めた。その後、どちらかが下車して、騒ぎは収まったようだ。

実は、前々から、列車内で窓を開けるのを嫌がる人がヨーロッパにはいるから気を付けるようにと聞いてきた。それを現実に目の当たりにしたわけだが、理由がよくわからないのだ。

風が強すぎて書類が飛んでしまったとか、ごみや虫が入ってくるというのなら理解ができるが、理由もなく「窓を開けるな！」ではちょっと首を傾げてしまう。けれども、先ほどの状況では、とても理由を聞ける状況ではない。

私なりに理由を考えてみると、ヨーロッパの列車は今なおトイレの垂れ流しが多いから、窓を開けると、糞尿が飛び散って降りかかるからなのかも知れない。しかし、自分の席と反対側のかなり離れたところであれば、そうした心配はほとんどないはずだ。とすると、車内に入ってくる風自体が気持ち悪いもの、邪悪なものという考えがあるのだろうか。それは、マナーとか礼儀とかではなく、忌み嫌うべきものとでも思っているようだった。

未だによくわからないのだが、ともかくヨーロッパの列車内で不用意に窓を開けると、思わぬトラブルの種になることがある、ということだけは覚えておいてもいいと思う。

（N・T）

列車の旅が楽しめる食堂車

日本では鉄道経営の効率化のために食堂車がほとんど姿を消したが、ヨーロッパでは食堂車やビュッフェ付きの優等列車がまだまだ健在である。そこで、ヨーロッパでの食堂車の思い出を一つ紹介してみたい。それはポーランドでの体験である。

バルト海に面した、ポーランドの北西部にある都市のシュシェチンは、もともとドイツ領で、「シュテッテン」と呼ばれていた。ベルリンの外港の役割も果たす港湾都市でもあったが、第2次世界大戦後にポーランド領になった。このシュシェチンにある鉄道施設を視察するために、私はポーランドで一番快適な季節の初夏にワルシャワから列車で訪れた。

シュシェチンの鉄道施設のなかで特に目を引いたのは、石炭を積んだ貨車が貨車ごと360度回転して、積載する石炭を一気に下部の貯蔵所に落下させる機械（回転式カーダンパー）である。かつては日本にもあったらしいが、もう目にすることができない。このシュシェチンは、ポーランド南部で産出する石炭をここまで鉄道で運んできて、船に積み替えて外国に輸出する中継基地になっているのである。

シュシェチンで1泊したあとの帰りもまた、列車を利用する。発車すると、ポーランド交通省

ゴールデンパス・ライン（スイス）の食堂車（撮影：M・K）

のマルチン君、ポーランド語・日本語通訳のアンナさん、日本人のS氏と私の4人でポーランド国鉄PKP（ペカペ＝Polskie Koleje Państwowe）の食堂車ヴァルス（WARS）に向かった。食堂車の車窓には、地平線まで平坦なポーランドの風景が続いている。窓からは初夏の爽やかな風が吹き込んでくる。

注文したのはビール。ポーランドはウオッカが有名であるが、ビールも愛飲されている。「ジュビエッツ」や「オコチム」など数多くの銘柄ある。運ばれてきた500ミリリットル入りの缶ビールを4人で飲みながら歓談した。

ポーランドのこと、日本のこと、鉄道のことなど話題は延々と続き、ビールも次々と消化していく。しまいには食堂車に用意していたビールがすべてなくなってしまった。シュシェチンからワルシャワま

食堂車での料理の一例。皿の中にはアスパラガスとジャガイモが並ぶ（撮影：M・K）

で約6時間の汽車旅で、合計で20本近い缶ビールを4人で飲んだのではないだろうか。このように、食堂車を知人や友人と利用し、食事をしながら歓談し、車窓風景を楽しむことができるのは、鉄道の旅の特権であり、また楽しみでもある。

印象に残ったヨーロッパの食堂車を問われたら、スイスの最高速度時速200キロの高速電車ICN（InterCity-Neigezug［ナイゲツーク］）の円形テーブルが付いた食堂車を挙げたい。Neigezugとはドイツ語で「傾斜式列車」を意味するように、振子式の電車である。編成の中央部にある1等客室と合造になっている食堂車（食事用座席23席）に行ってみると、食堂車では珍しい円形のテーブルが3卓置いてある。これならば、車窓風景を眺めながら、5人まで座れる円形テーブルを囲んで家庭的な雰囲気のなかで、家族や友人たちと楽しく食事ができる。さすが、イタリアの著名な工業デザイナーであるバッティスタ・ファリーナのデザインだと思った。

日本の高速列車である新幹線では食堂車はなくなってしまったが、ヨーロッパの高速列車の食堂車や車内での食事事情はどうだろう。

国際高速列車のユーロスターとタリスの1等車では、座席まで料理と飲み物を運んでくれ、時速300キロの高速で走行する車窓風景を楽しみながら食事ができる。ワインを飲みながらフランスの広々とした田園地帯を快走するのは気分のいいものである。

営業最高速度時速300キロクラスの高速列車で食堂車があるのは、ドイツのICEとイタリアのETR500だけである。やはりドイツ人やイタリア人は、食事は座って食べるのが習慣になっているのだろうか。残念なことにフランスのTGVには食堂車は付いておらず、「バル（BAR）」と呼ばれる立ち席のビュッフェスタイルのみがある。この点は、フランスのTGVの流れを汲むスペインのAVEも同様である。高速列車の食堂車やビュッフェで車窓を眺めながら、相対速度時速600キロで対向列車とすれ違う迫力はなかなかのものである。

今や、日本では食堂車で食事をしながらの旅は贅沢なものになってきているので、ヨーロッパ

横に2+1で席が配置されたドイツICEの１等車（撮影：M・K）

横に2+2で席が配置されたドイツICEの２等車（撮影：M・K）

で列車に乗車したら、食堂車での車窓風景と料理を楽しまれることをおすすめする。

（A・Y）

優等列車の座席と車内設備

今から20年近く前、ヨーロッパを代表する高速列車であるフランスのTGVとドイツのICEに初めて乗車した時、１等車が横に２＋１席、２等車が２＋２席配置であるのを見て、日本と違うなと思った。

日本の新幹線は、グリーン車（１等車）が２＋２席、普通車

（2等車）が2＋3席である。TGVとICEの横に2＋1席は、最初はアンバランスな感じがしたが、慣れると広くてゆったりしていてよいと思うようになった。TGVの車体幅が2・8メートル、ICEが3メートルと、どちらも新幹線の車体幅3・4メートルより狭いので、このような配置になっているのだ。

　また、TGVにはセミコンパートメント車両や会議室のようなサロン室、ICEにはコンパートメント車両がある。これはヨーロッパの客車が伝統的にコンパートメント車両から発達してきたことによるのだろう。IC（Inter City）やEC（Euro City）などの優等列車はまだまだコンパートメント車両が主体である。コンパートメントには6人用が多いが、なかには8人用もある。このようなコンパートメント車両は、日本では珍しい。なお、ヨーロッパでも最近の傾向として、開放式座席の車両が増えてきている。

TGVの荷物置き場（撮影：M・K）

　これに関連して、ヨーロッパの車両には子供連れの乗客に配慮した設備がある。

ドイツのＩＣＥには子供連れ用のコンパートメントがあり、そこには遊戯用のオモチャや本などが置いてある。ノルウェーのＢＭ73（旧名シグナチュール）やオーストリアのレールジェットには、子供がアニメ番組を見られるような設備と座席が車内の一角に設けられている。

また1章でも紹介したが、ヨーロッパでは自転車を携行して列車に乗車することが一般的に行なわれており、ドイツの振子式特急ＩＣＥ-Ｔ（InterCity Express-Triebwagen［トリーブワーゲン］）の一部では車両の半分を自転車専用置場にしているし、チェコの振子式特急スーパーシティ・ペンドリーノには自転車を立てかけておく設備が付いている。

珍しいのはペット連れ用乗客の座席である。ヨーロッパでは犬や猫を連れて乗車する人が多く、ノルウェーのＢＭ73やフィンランドのペンドリーノＳ２２０では、犬連れ乗客用の座席が車内に明示してある。時としてその座席に大型犬を連れて乗車している人を見る。これらは、いずれも北欧の優等列車である。

このような設備以外に、施錠可能なスーツケース置き場がある列車もある。一人で旅行しスーツケースなどの大型荷物を携行している場合、デッキ近くにしか置き場がないと見張ることができず、盗まれはしないかと気になるが、鍵付きの置き場があれば安心である。また、列車の運行案内や情報提供をするコーナーのある優等列車もある。

このような車内設備を日本と比較しながらヨーロッパの鉄道の旅を楽しむのも興味深い。

（A・Y）

座席の向きは変えられないのか？

我が国の列車、とくに特急のようなクロスシートの車両は、進行方向とは逆の方向にも向きが変えられる。4人グループで旅行する場合、シートを向かい合わせに転換して、おしゃべりを楽しんでいる光景をよく見かける。

しかるに外国ではどうだろうか。今までに乗った列車のことを思い出してみた。ヨーロッパの伝統的な客室であるコンパートメントは、最初から3人掛けの向かい合わせ席であるが、日本のボックス席のように固定されていて向きを変えることは不可能だ。空いていれば、個室内での席の移動は容易で気楽だが、満席の場合は圧迫感があり、非常に窮屈な思いをする。とくに3人掛けの真ん中に座る羽目になってしまった場合は、車窓もよく見えないし、何のために列車で旅行しているのだろうかと精神的にも疲れてしまう。

一方、新しい新幹線タイプの高速列車であるが、意外にバラエティに富んだ座席配置になっている。一つは、車内中央にテーブル付きの4人向かい合わせの席があり、そこを中心に、その後

通称「集団見合い」タイプの座席の例（撮影：N・T）

ろには中央を向いた席がずらりと並ぶ配置、通称「集団見合い」タイプである。座席の向きは変えられないので、いつも半数の席は走行中後ろを向いたままだ。通路側の席に当たった場合など、同じ車両の遠くに座っている人と何回も目が合ってしまい、ハッとするような美女だったりすると、ちょっと目のやり場に困ることもある。

もう一つは、真ん中で背を向けて仲違いしたみたいにお互い車端を向いて座り、その前は同じ方向を向いて配置されるものである。仕切りはないが、車内は半分ずつ別々の方向を向いていて、雰囲気が二つに分かれている気がしないでもない。「集団仲違《なかたが》い」タイプとでも言うのであろうか？　このほうが、目のやり場に困ることはなくて安心ではある。

この二つのタイプは極端であると思われているのか、以上の二つを含めていろいろな配置を試みているのが、ドイツ鉄道のICEである。

車内の一部には伝統的なコンパートメントもあり、自由席であれば好みの席を選べる。しかし、座席の向きを変えることは不可能だから、列車の進行方向によっては、逆向きに座ることとなる。もっとも、主要駅でたびたび進行方向が変わると、その先では逆向きではなくなる。逆向きを嫌がる人がヨーロッパでは少ないのか、あるいは頻繁に列車の向きが変わるので、いちいち向きにこだわっていては列車には乗れない状況なのかなとも思う。

ヨーロッパではないが、おもしろいと思ったのはアメリカのアムトラックの客車だ。すべて前方を向いて座れるのはいいとして、4人向かい合わせの配置には転換できないのだ。はて、終点に着いて折り返す時はどうするのだろうかと思っていたら、何と列車ごと三角線を使って向きを変えていたのには驚いた。広い国だからこそできる芸当なのだが、その昔、特急「つばめ」も絶えず展望車が最後尾に来るように、品川付近と大阪付近で列車ごと向きを変えていたのを思い出した。

（N・T）

指定席車と自由席車の区別がないヨーロッパ

日本の列車には、指定席車と自由席車の区別がある。料金に差があることもあって、自由席の切符では、原則として指定席には座れない。自由席が超満員で席にありつけず、同じ列車の指定

「ヴュルツブルク〜ハノーファー」間が予約されていることを示す電光表示（撮影：N・T）

席に空席があっても、勝手に座ることは許されない。列車によっては、終点に近づくと降りる一方で、誰も乗ってこないので空席ばかりになり、空気を運んでいるようなもったいない指定席車両が時おり見られる。数少ない自由席車で窮屈な思いをしているときに、ガラガラの指定席車が何両も繋がっていると、何とかならないものかと考えてしまう。

その点、合理的なのはヨーロッパの列車だ。彼の地では、全車指定席の列車を除けば、指定席車と自由席車といった区分はないのだ。予約された席以外はすべて自由席なので、空いていれば好きに座ってもいいのだ。

例えば、ドイツの高速列車ＩＣＥの場合、座席の予約をすると、シートの上方の棚に席番が表示される部分があって、そこに乗る駅と降りる駅の名前が電光表示される。「ヴュルツブルク〜ハノーファー」（Würzburg〜Hannover）といった具合だ。この表示は、その区間が予約されていることを示す。誰も予約していない空席であれば、「予約なし」(nicht reserviert)と表示されるか、席番以外何の表示もないかのどちらかである。その場合、この席は全区間自由席ということになる。

混んだ列車の事例だと、区間表示が二重になり、「ヴュルツブルク～ハノーファー、ハノーファー～ハンブルク中央駅」だったりする。この場合は、ハノーファーで降りた後、別の乗客が入れ替わりに乗ってくるということだ。乗客が降りたのだから、こっそり座ろうと思っても先客がいるから、その席にありつくのは諦めなければならない。

おもしろいのは指定席の考え方だ。予約された区間（最初の例では、ヴュルツブルク駅とハノーファー駅の区間）以外は、その席は自由席になるのだ。だから、指定区間外で堂々と座っていても何の問題もないのだが、車掌が検札に回ってきたときに、「この席はヴュルツブルクから乗ってくる人がいますよ」と注意することもある。何も知らなくて勝手に座ってしまう人がいるからであろう。

逆に、せっかく指定席を取ったのに、先客がいたと慌ててしまう人がいるが、「ここは私の席ですよ」と主張すれば、「失礼しました」とばかりに、慌てて別の席へ移動してくれる人がほとんどである。一度、ある映画で開き直って居座る女性が出てきたが、こんなのは例外中の例外的なあつかましいオバサンであって、不届き千万というものだ。すぐに車掌に申し出れば、きちんと対応してくれるはずだから、安心してよい。

不思議なのは、予約表示がある私の隣席に、誰も乗ってこないことがたびたびあったことだ。そんなにキャンセルが多いのか、それとも別の理由なのか？　今もってわからない。（N・T）

通勤電車内でのあれこれ

ヨーロッパと日本における鉄道通勤事情にはどのような違いがあるのだろうか。

かつて東京の朝の通勤ラッシュは悪名高かったが、徐々に改善されてきている。では、ヨーロッパはどうかというと、ローマの地下鉄で東京並みの混雑を経験した以外は、比較的混雑率は低いと思う。大きな違いとして真っ先に挙げられるのが、この混雑率の違いである。したがって、ヨーロッパには、日本の始発駅で見かける通勤時間帯の整列乗車や席取り競争はない。また通勤時間も、日本では片道1時間以上でもおかしくないというのは、ヨーロッパ人からすれば、驚きであろう。

この混雑との関係で、日本には女性専用車両がある。私がこれまで見たなかで、イスラム圏の都市鉄道やインドには、宗教上の理由や混雑から女性を守るために女性専用車両があるが、ヨーロッパでそのような車両を見たことはない。ヨーロッパでは電車が混んでいないので、痴漢の存在が少ないのかもしれない。となると、痴漢は、満員電車の多い日本特有のものなのだろうか。

では、車内での過ごし方はどうだろう。ヨーロッパでは新聞や単行本を静かに読む人がほとんどである。一方、日本では携帯電話を使ってメールの送信やゲームをして過ごす人が多いし、漫画を読むサラリーマンも結構いる。また通勤電車の車内で堂々と居眠りができるのは日本と韓国くらいだろうか。ヨーロッパで居眠りをしていたら持ち物を盗まれる危険性があるし、人前で眠った顔を見せることは、はしたないのかもしれない。これに関連して、ヨーロッパの電車内で化粧をする女性も見たことがないのは、居眠りと同様に他人に見せるものではないという意識からであろう。

また、車内において女性や高齢者、障害者へ座席を譲ることは、日本でも優先席を設けて半強制的に立たせるように仕向けているが、実行する人は多くない。ところがヨーロッパでは、立っている女性や高齢者がいると、すぐに座席を譲っているのをよく目にする。弱者に対する民度の違いが、その背景にあるのかもしれない。

乗車していて、混雑率とともに目立った違いは、車内放送の有無ではなかろうか。

ヨーロッパの都市鉄道でも車内放送をするところもあるが、極めて簡単な「次は○○駅です」くらいな案内である。ほとんどの場合、何もない。これに対して、日本では、次の駅名や乗り換え案内は当然のこと、左右の出口案内、携帯電話のマナーモードへの切換え、痴漢は犯罪との警告、窓からの換気（窓開け）などなど、手取り足取りの懇切丁寧な案内放送である。また数分の遅れが生じると「大変ご迷惑をおかけしました」と言うのも、極めて日本的である。基本的にヨーロッパでは、すべて自分の責任において電車に乗車・下車するので、車内放送など不要なのだろう。

車内放送に関連すると、車内の騒音度は日本のほうがはるかに上である。

車両の天井にある拡声器近くに立っていると、頭が痛くなるほどの大音量で放送する車掌がいる。このような騒音鈍感放送をする車掌に、一度自身の放送を聞かせてやりたいくらいだ。だから車内では耳栓をしている人を見かける。この点においては、ヨーロッパの車内のほうがずっと静かである。かつて台湾で高速鉄道の仕事をフランス人と一緒にしていた時、夕方に退勤を知らせる「辛苦了［シンクーラ］」（お疲れ様）という音楽が大音量で流されると、フランス人は、そのうるささに怒って拡声器を壊す仕草をしていた。日本人だけでなく、アジア人は騒音に鈍感なのかもしれない。

（A・Y）

ユニークな車内放送

では、列車の車内放送とは、どうあるべきなのだろう？

次の駅名をはっきり言えば、それでいいのか。ホームはどちら側で、何番線に到着か、乗換え列車はどうなのか。その程度は必須だが、忘れ物をしませんようにとか、本日は雨が降っていますので、傘のお忘れ物が多くなっていますのでご注意ください、などなど、最近の放送はずいぶん丁寧である。親切なのはいいけれど、ちょっとくどいのでは、しつこすぎるのでは、と思ったりする。あるいは、あまりいろいろしゃべりすぎると肝心のことがぼやけてしまい、はて次の駅はどこだっけと聞き逃してしまうこともしばしばだ。

ヨーロッパの列車では、日本の過剰な放送とは正反対に、車内放送がない列車がある。とくにローカル線の各駅停車にその傾向があって、黙って列車は小さな駅に到着し、黙ったまま静かに出発する。初めて乗った路線で、途中で降りることになっていたら不安でしょうがない。でも、そうした時はよくしたもので、地元の親切な乗客たちが、言葉が通じないながらも身振り手振りで教えてくれるのである。

さすがに国際列車や高速列車では、現地語プラス英語のアナウンスは普通になってきて、簡単な放送はある。新型車両であれば液晶画面の掲示もあるから、目で確認でき、リスニングに弱い日本人旅行者にはありがたい。

大都市の路面電車や地下鉄の場合、車掌がいないワンマン運転の場合もあるから、録音されたアナウンスが機械的に繰り返されることが多い。この場合は、次の駅名と乗換え路線の案内というのが、よくあるパターンだ。新型車両の場合は、高速列車のように同時に画面でも示されるから安心できる。声は男性の場合も女性の場合もあるが、肉声ではないのでちょっと味気ない。

都市交通でユニークだったのは、スペイン・バルセロナの地下鉄である。スペイン第二の都会だけあって、多くの路線があって、都心部のネットワークはなかなか複雑だ。乗り込んでみると、車内放送は他の都市と同じく、やはり録音済みの機械的な声だったが、何と男女の掛け合いの会話形式なのには驚いた。スペイン語だったので、正確には分からないが、状況からするとこんな感じだ。

「次の駅はどこ？」

「サグラダ・ファミリアよ」

「乗換えは？」

「2号線はお乗換えよ」

駅が近づくたびに、男女の掛合いとなり、機械的な声なのに、対話にするとフレンドリーなものとなる。車内の雰囲気が、なごやかに感じられたのは気のせいだろうか。

（N・T）

1等の座席に平然と座る車掌

ヨーロッパでは、特急や長距離の国際列車などは、列車のほぼ中間の食堂車を境にして1等車と2等車に分かれており、それぞれに車掌が乗務していることが多い。そして、ほとんどの列車に車掌室というものがない。あるのは長距離の寝台列車くらいのものである。また、1等車の車掌は2等車の客の対応は決してしないし、その逆もまた然りである。

で、彼または彼女（女性の車掌も多い）は車内ではどうしているかというと、ひととおり検札などの業務を終えると、1等車の空席に平然と座るのである。制服を身に着けているからすぐに「ああ、車掌が座っている」とわかる。

ところが、これが土地の人しか乗らないようなローカル線の列車ともなると、車掌は私服。それもごくカジュアルな服装で乗っていることが多いから、一見しただけでは車掌なのか乗客なのか見当が付かないことが多い。「この人が車掌だったのか」と気が付くのは、駅に着いて、乗り込んでくる乗客をチェックする時くらいのものだ。

2000年のこと、こんなことがあった。イタリアのリヴィエラ海岸、フランスとの国境にあるヴェンティミリアからトリノへの途上にあるクーネオという町に向かった時のこと。1両きりの気動車で、車内はデッキの前3分の1ほどが1等室、後部が2等室と分かれており、1等室の座席はわずか12席、それがすべて塞がっていた。やむなく通路に立ったら、Tシャツにジーンズという出立《いでた》ちの中年の男が立ち上がって、ここに座れと席を譲ってくれた。なんと、この男が車掌だった。普通はこんなことはしないのだろうが、私がこんなローカル線ではめったに見かけない外国人だったからだろう。

それどころか、私が車窓に目を凝らしていたら、彼は親切にも案内役まで買って出てくれた。この線はアルプス西端の山中を走る路線で、左右から険峻な岩山が迫り、途中にはループ線もあるなど迫力に富んでいた。その途中、ヴェンティミリアから20キロほどの位置で1駅だけフランス領の駅に停車するというおもしろい路線でもある。

ループ線で180度方向が変わってしばらく、車掌が左手の空を指差し、イタリア語で「あれを見ろ」というようなことを言う。見上げたら屹立する岩山の天辺《てっぺん》に小さな教会があり、その前の岩と岩の間に長さが10メートルほどの小さな吊橋が架かっていた。恐ろしい光景だった。あんなところまで参詣に行く信者がいるのかと思った。車掌が教えてくれなかったら、まず見落としただろう。車掌が1等車に乗っていてくれてよかったと思った。

車掌が1等の座席に納まるのは、どうやら2等の利用者が多く、なるべくそちらの座席を空けておく必要があるからで、自分が楽をしたいからではないようだ。だから、車掌が1等の座席にふんぞり返っていても、1等はおろか2等の乗客でさえ文句を言う人はまずいない。

日本ではローカル線の列車はほぼワンマンになったし、仮に車掌が乗務していても後部の車掌室（これは運転室でもあるが）にいることが多いから、まずこんな光景にお目にかかることはない。検札で車内を通っても、座席に座るようなことは決してしない。このあたり、文化の違いとしか言いようがない。

なお、参考までに書き添えておくが、列車によっては車掌以外に抜打ちで検札を行なう係が乗務していることがあり、この人たちは私服で乗務していることが多い。つまり、偽装である。主に2等の客をチェックしているようだ。2等は土地の人の利用が多く、それだけ不正乗車が多いということなのだろう。

（H・R）

第3章

駅・ホーム編

ロンドンにはロンドン中央駅はなく、パリにはパリ中央駅はない

東京には都市名を名乗った東京駅がある。同じく大阪にも大阪駅があり、それぞれターミナル駅としての機能を果たしている。このように日本の場合は、都市名を冠した駅が、その都市のターミナル駅となっているが、ヨーロッパの場合は、少し事情が違う。

ロンドンにはロンドン駅はなく、パリにはパリ駅がないのだ。しかしロンドンには「ロンドン」を冠した駅が、パリには「パリ」を冠した駅がまったくないのかといったら、そうではない。

ロンドンに、「ロンドン中央駅」を冠したターミナル駅がない事情は、鉄道の成立ちに原因がある。イギリスでは国鉄ではなく、複数の私鉄がロンドンまで鉄道路線を延ばしてきたが、どうしてもロンドンの中心部まで延ばすことができなかった。そこでたどり着いたロンドンの周辺部に駅をつくった。

例えば、私鉄のグレートウエスタン鉄道がロンドンにつくった駅は、パディントンベアーで有名なパディントン駅である。スコットランドとイングランドを結ぶグレートノーザン鉄道がロンドンにつくった駅は、キングスクロス駅なのだ。

その後、それぞれの私鉄は国有化され、また近年の分割民営化された後でも、状況は変わらな

私鉄のグレートウエスタン鉄道が、ロンドンにつくったパディントン駅（撮影：S・H）

かった。それゆえに中央駅はなく、それぞれの駅から各地に向かう。

現在、ロンドンを冠するターミナル機能を持つ駅は、全部で10駅ある。

例を挙げると、スコットランド方面に東海岸本線経由で向かう列車が発着する駅はロンドン・キングスクロス駅、リヴァプールやマンチェスター経由の西海岸本線経由でスコットランド方面に向かう列車が発着する駅はロンドン・ユーストン駅、パリやブリュッセルに向かうユーロスターやイングランド南東部の列車が発着するのはロンドン・セントパンクラス駅といった感じである。

パリもロンドンと同じ事情で、「中央駅」を持っていない。

例えば、ロンドンを結ぶ高速列車ユーロスター、ブリュッセルやアムステルダムを結ぶ高速列車タリスなど、パリから北部方面へ向かう列車が発着するのはパリ北駅、ストラスブールやドイツのフランクフルト、ミュンヘン方面のパリから東部へ向かう列車が発着するのはパリ東駅といった感じで、パリも6つの方面別のターミナル駅を持っている。

これらのことが世界各国のなかで特別なことかといえば、そうではないだろう。東京を考えた場合に、中央本線の玄関駅が新宿駅、東北本線や常磐線の玄関駅が上野駅、過去をさかのぼれば、総武本線の玄関駅が両国駅といったように、東京もそれぞれの玄関駅をもっているのだ。

ただ違う点を挙げるとしたら、それぞれ「東京・新宿駅」「東京・上野駅」と言っていないことや、各ターミナル駅間のアクセスが、JRという同一会社で便利に結ばれていることだ。

ヨーロッパで鉄道旅行をする際は、利用すべき駅を間違えないように注意しよう。（S・H）

ヨーロッパにある「中央駅」とは

●大きな都市の玄関駅

ドイツとその周辺の国々には、「〇〇中央駅」と称する駅が多い（例：フランクフルト中央駅、ミラノ中央駅）。これは、一つの都市に複数の拠点駅がある場合、本当にその都市の玄関となっている駅を明らかにするための呼び方である。したがって、中央といっても、地理的に都市の中央にあるとは限らない。

もっとも、中央駅と訳されるドイツ語hauptbahnhofは「頭《かしら》の駅」「リーダー駅」を指し、「真ん中」とはニュアンスが少し違う。かと思えば、オランダの中央駅はcentraal、イタリアではcentraleであり、英語のセントラルとよく似ている。日本語の訳は、このような例も考慮されているのだろう。

ヨーロッパの都市の中央駅は、地図のなかで見つけやすく、そこに行けば旅の情報を入手しやすい。また、中央駅の近くにはホテルや飲食店・物販店が多い。そのため、中央駅は現地での行動に欠かせない場所となっている。

●本当に中央にある中央駅

一方、本当に市の中心を意味する中央駅もある。

ベルギーの首都のブリュッセル中央駅がその好例である。ブリュッセルには古くから北駅・南駅の2大ターミナルがあり、その中間に市街地が広がっている。第2次世界大戦後、この北駅と南駅の間に新しい鉄道が開通し、長距離列車が都心を通り抜けられるようになった。この時地下に設けられたのがブリュッセル中央駅である。しかしこの駅は、地下の狭い空間にあるので、列車は通り抜けることしかできない。長距離列車が始発・終着するターミナルは、中央駅ではなくブリュッセル南駅である。

ドイツの首都ベルリンの中央駅もおもしろい。冷戦時代のベルリンには東西を隔てる壁があり、列車の運転もこの壁の線で分断されていた。現在のベルリン中央駅は、壁の崩壊後、かつての東ベルリンと西ベルリンの中間付近につくられた巨大なターミナルである。したがって、地理的にも、機能の面でも、完璧な中央駅ということになる。

その一方、冷戦時代に東西それぞれの地区で玄関となっていた駅は、ターミナルの役割が小さくなった。日本でいえば、明治時代の新橋駅（東京の南の玄関）と上野駅（東京の北の玄関）が、後発の東京駅に役割を譲ったようなイメージである。

ちなみに、イタリアのミラノ中央駅は〝正統派〟中央駅の代表格であるが、都市の中心からかなり北に離れている。これは、市街地に接していた古い駅を大ターミナルにつくり変える際、用地を得るために都心から遠ざけてしまったからである。

日本の都市にたとえると、横浜駅が新横浜駅の場所にあるようなものだ。実際にはそういう面もないではない（新横浜駅の地位は開業時に比べて著しく向上している）が、駅名の「新横浜」を「横浜中央」に変えると言ったら、誰もがびっくりするだろう。

●日本にもある「中央駅」

日本の鉄道では、都市の玄関駅は、都市名がそのまま駅名になっている。拠点駅がいくつもできる場合には、最大の駅が都市名の「○○」駅となり、ほかの駅は「○○市」「新○○」「鉄道会社の略称+○○」となることが多い。

こうした区別は駅名の混同を避けるために行なわれるので、「市」や「新」にはあまり意味がない。だが、「中央」は使いづらいのではないだろうか。都市の玄関を中央駅と呼ばない以上、中央駅は、本当に町の中央にないと変である。そのためなのか、日本には、「○○中央」と称する駅は非常に少ない。

そんな日本にも、まぎれもないヨーロッパ流の中央駅が一つある。それは「鹿児島中央」である。この駅名は、2004年に従来の「西鹿児島」を改称して誕生した。鹿児島市内には長いこと鹿児島と西鹿児島の2つの駅名があったが、西鹿児島のほうが市の玄関駅であり、駅名と実態のずれが問題になっていた。改めて東西南北の文字を付け直すこともできたと思うが、駅名を入れ替えるような施策は混乱のもとである。

そこに出てきた妙案が、この「中央駅」である。これならば、2つの駅が両方ともプライドを保ちつつ、旅の拠点は旧西鹿児島駅というニュアンスを与えることができる。かなりのヨーロッ

パ通の方が知恵を出されたのではないだろうか。（S・M）

なにかと重宝する鉄道案内所や旅行センター

大都市や中都市の駅には、必ずといっていいほど鉄道案内所か旅行センターがある。このあたりは日本とそれほどの変わりはない。

それから、これも共通していることだが、観光案内所と鉄道案内所はまったく業務が異なるから気を付けたい。と、こう断るのも、これまた大きな駅にはその町の観光案内所が同居していることが多いからである。当然のことだが、鉄道案内所では町の観光案内やホテルの手配は一切してくれないし、観光案内所では鉄道について多少の助言はできても、細かくて具体的なことには答えられない。

ところが、困ったことにこの2つの区別がややわかりにくい場合が往々にしてある。というのは、ヨーロッパでは観光案内所のロゴマークが「i」（英語表記で「information」の頭文字を取ったもの）で統一されているのに対して、鉄道案内所も「i」と表示されている場合があるからである。ただ、これはすべての国に共通したものではなくて、ドイツでは「Reisezentrum」（旅行センター）というのが一般的のようだが。

シュトゥットガルトの観光案内所。柱に「i」のマークが見える
（撮影：H・R）

では、鉄道案内所や旅行センターでは何を教えてくれるか？　あたりまえの話だが、切符のこと、列車のこと、時刻のこと、目的地の駅のことなど、鉄道に関する万般の情報である。近年ではコンピューターの導入で、サービスがよりきめ細かくなった感がある。

これは、ドイツやスイスの駅で体験できることだが、これから向かおうとする駅について尋ねると、すぐコンピューターで検索してくれ、直近の列車と、場合によってはその後の列車数本の発車時刻と到着時刻を記した用紙をプリントアウトして渡してくれる。

いや、それどころか列車が発車する番線、下車する駅の番線、途中乗り換える場合にはその到着時刻と到着番線、乗り換える列車の発車時刻と発

ブカレスト北駅の鉄道案内所。こちらの鉄道案内所には「i」のマークが掲示されている（撮影：H・R）

車番線なども克明に書き込まれていて、重宝することこのうえもない。

これが時刻表だけが頼りだと、乗り換えるターミナルで右往左往して次の列車を探すことも多いから、着発の番線があらかじめわかるというのは本当にありがたい。ただ、必ず「ホームの番線は変更になる場合があるから気を付けて」といった注意書きが入っている。実際、変更になることも時折あるから、このあたり十分に留意しておきたい。

話が少し脱線するが、こういうサービスは鉄道案内所などない小さな駅でも有人駅である限りは得られるから、出札口に相談してみるとよいだろう。

ちなみに、日本の場合、ＪＲの鉄道案内所やみどりの窓口ではこういうサービスはしてくれない。時刻表などを見せながら懇切丁寧に説明してはくれるが、情報をプリントアウトしてくれるということはない。一度、某駅で中年の駅員がプリントしたものを見せながら説明してくれたので「それ、ください」と申し出たら、「このプログラムは私が個人的につくったものです。非公式なものだからダメです」とにべもなく拒否された。

なお、老婆心ながら鉄道案内所や旅行センターで何か相談したいと思ったら、時間に余裕をみておいたほうがいい。というのは、大きなターミナルほど混雑するし、またヨーロッパの人は後ろにどれだけ並んでいようと気にかけず、自分の納得いくまで窓口に食い下がることが多いからである。一度など、そのおかげで直近の列車を逃してしまい、延々と待つ羽目に陥ってしまったことがあった。（H・R）

ヨーロッパの駅には記念スタンプは置いてない

旅行に出ると、何か記念になる物を持ち帰りたくなる。鉄道で旅行する時など、特にその思いを強くする。

これはあるいは私だけのことなのかもしれないが、私は駅に降り立つと、まず記念スタンプはないかと改札口付近をきょろきょろ見渡し、見つかるとすぐにメモ用紙に捺《お》す。次いで、出札口やみどりの窓口に行って入場券を買う。それから駅前に出て駅舎を撮影する。駅舎を持ち帰ることはできないから、画像に取り込むのである。

この順序は、その場の状況によって変わるが、まずこの3点セットは欠かさない。私にとって、これらは単に旅の記念というだけでなく、後々、その時代の駅の様子を物語るいい物的証拠になるからである。事実、スタンプは時代とともに幾変遷を重ねたし、入場券も硬券から軟券へと変化した。駅舎も古い木造からモダンな橋上駅舎に建て替えられたなどといったことは、近年では日常茶飯事のことである。だから、昭和40年代、50年代に集めたこれらのコレクションは今では貴重な鉄道資料になっている。

ところが、改めて思うのだが、こんなことができるのは日本の鉄道だけである。ヨーロッパの駅で記念スタンプにお目にかかることは皆無だし、入場券も発券されていないから入手できない。できることといったら駅舎を撮影することだけである。

これこそは、まさに鉄道文化の彼我の違いを象徴することなのかもしれない。特に私は記念スタンプについてその感を深くする。

記念スタンプの図柄として描かれているのは、たいていはその土地の名所や旧跡、名物などで、ささやかながらその土地の案内役を果たしている。

この、日本の鉄道におけるスタンプの歴史は古く、昭和初期にはもうお目見えしているが、その後は時代と歩みをともにしてきた。なかで、一番脚光を浴びたのは、往時の国鉄がイメージキャンペーンに合わせて作成したスタンプだろう。その嚆矢《こうし》が昭和45年（1970）から始まった「DISCOVER JAPAN」で、全国およそ1400駅に設置された。以後、このキャンペーンスタンプは「一枚のキップから」「いい日　旅立ち」「わたしの旅」と推移、そのつど図柄や設置駅も変化した。

JRになってからもイメージキャンペーンやその他のキャンペーンは実施されているが、各社まちまちということもあり、短期間のスタンプラリーなどで作成されることはあっても、全国的に展開されることはなくなった。けれども、それでも記念スタンプは手を替え品を替えして今に息づいている。

私はこれは、日本が世界に誇れるすばらしい鉄道文化の一つではないかと思う。

こと鉄道に関しては、豊かな歴史と文化を育み、ことのほか愛着を寄せるヨーロッパで、なぜ駅の記念スタンプが発生しなかったのか、その理由が私には見つからない。

（H・R）

1等利用者のための待合ラウンジ

ヨーロッパの列車の場合、大きく分けて2つのクラス（等級）がある。1等はファーストクラスやプレフェレンテクラスなどさまざまな表記がされているが、日本のJRで例えるのならグリーン車に該当する。2等はスタンダードクラス、ツーリストクラスなどの表記がされているが、要は普通車にあたる。

すべてのヨーロッパの国ではないが、ターミナルの駅には1等利用者のための待合ラウンジが設置されている。これらはただの待合席といったものではなく、ドリンクやスナックが無料でサービスされ、新聞や雑誌なども無料で読める。一部ではラウンジ内が無料のWi－Fi対応になっているなど、空港での航空会社のラウンジを意識したサービスを行なっているところが多くなってきている。

このラウンジを利用するためには、1等チケットを持っていることが前提となるが、国によってはさまざまな条件がある。

例えばドイツのDBラウンジの場合、ユーレイルグローバルパスやジャーマンレイルパスなどの1等の鉄道パスでは利用できないが、1等のチケットなら利用できる。

新聞や雑誌も無料で読める、ちょっと贅沢な1等利用者のための待合ラウンジ（撮影：S・H）

スペインのサラウンジの場合は、鉄道パスだけでは利用できないが、鉄道パスに1等の座席指定券や寝台券を持っている場合は利用できる。ただし、いつでも利用できるわけではなく、座席指定や寝台指定した列車の出発時刻の2時間前からといった条件となる。

イタリアのFreccia Clubユーロスターラウンジの場合は、Freccia Clubの会員でないと利用ができない。

このように、利用するにはさまざまな制限があるが、待合ラウンジには係員が常駐していて、セキュリティーがしっかりしているので、夜行列車を待つ間や早めに駅に着いてしまった時などはおおいに活用できるだろう。

（S・H）

エスカレーターでの追い越しは右？　左？

1970年代の中頃、生まれて初めてヨーロッパを訪れて、最初に驚いたのは、ロンドンの地下鉄の歴史の古い路線に木製のエスカレーターが設置されていたことと、後発の路線の深度の深さだった。

路線にもよるが、1863年に世界初の地下鉄として開通した頃の路線は道路を掘り下げて敷設したから地上すれすれ、かなり浅いが、その後の路線は時代とともに深度を深めていった。路線同士が交錯する場合には、後発の路線は先発の路線の下に敷設しなくてはならなかったからである。余談になるが、ロンドンの地下鉄が「チューブ」（管の意味）と通称されるのは、後に開通した路線が、新しく開発されたシールド工法(注)によって円筒形に掘られたことに由来する。

どこの駅だったか忘れたが、とにかく深いのに驚いた。いや、エスカレーターの長いこと長いこと！

何も知らない私は、そのエスカレーターの左側に立っていた。すると、すぐ後ろでランニングをしているような靴音が耳に入った。振り返ると、黒人の青年が遠慮がちに、それでもわざと靴音を高く響かせながら足踏みをしていた。そして、その後ろに延々と人がつながっていた。上を見たら、左側は私だけ。私は「あっ」と小さく叫んで右側に割り込ませてもらった。下りのエスカレーターを見て、右側は停止したまま立つ場合の位置、左側は歩きながら上がる場合の位置と区分けされていることにようやく気が付いたのだ。

日本にも、この時代、例えば東京の地下鉄にも千代田線の新御茶ノ水駅や半蔵門線の永田町駅のように長大なエスカレーターは存在したが、それでもこの時代は左右どちらにも人は立っていた。片側を空けるという習慣が定着したのは、そんなに古い昔のことではない。

この習慣は、日本では大阪が先鞭を付けており、定説ではないが、昭和45年（1970）の大阪万博開催時に阪急電鉄がまず乗客に呼びかけたのが最初ではないかといわれている。これに対して東京は、これも定説ではないが昭和60年のつくば博からだとされている。大阪より15年も遅れをとったわけである。なお、大阪はロンドンと同じ左空け、対するに東京は右空けである。その後、地下鉄はほかの都市にも普及したが、そのほとんどは東京と同じ右空けである。

なぜ大阪だけが左側を空けるのか、その理由はよくわからない。なんでも阪急が呼びかけた時、右利きの人が圧倒的に多いことから、右手でベルトにつかまってもらおうと考えたという説があるが、さてどんなものだろう。ちなみに、同じ関西でも京都は右空けである。だからこれは、明らかに東西の文化の違いとは関係ない。

また、東京がなぜ右空けなのか、これまたよくわかっていない。戦後すぐ、ＧＨＱ（連合国軍総司令部）の指導のもと、道路交通では「車は左、人は右」と定められたが、最初はなかなか浸透しなかった。そして、「人間は本能的に心臓を守るのだ。だから左側通行が理に適っているのだ」といった説が流れたことがある。納得した人がどれほどいたか、今となっては知る由もない。

なお、この左右どちらかを空けるということは、別に鉄道会社が決めた規則ではなくて、あくまで一種のマナーとして現在では認識されているようである。（Ｈ・Ｒ）

（注）▼シールド工法……円筒状のシールドマシンと呼ばれる掘削機で地中を掘り進む工法

国内線と国際線で切符売場が異なる場合がある

ＥＵになってから、西ヨーロッパのターミナルでは区分けがなされなくなってきたが、かつてはほとんどの国のターミナルでは切符売場が国内線と国際線で分かれていた。現在では、整理券または番号札が渡され、どの窓口でも国内・国際双方の切符を入手できる駅が増えてきたようである。昔を知る身には感慨無量のものがある。それもこれも、コンピューターの端末が導入された結果である。

国際列車ではなかったが、１９７０年代の中頃、ロンドンでエディンバラに行く寝台列車の切符を買おうと宿の近くのヴィクトリア駅に行ったら、「ここでは売らない。始発駅のキングス・クロス駅に行け」と言われた。キングス・クロス駅では、中年の女性スタッフが乗車日と列車名を確認したところでやおら台帳を取り出し、該当する場所に手書きで私の氏名を書き込んだ。列車に乗ったら、そのコンパートメントの入口にはきちんと私の名前が書かれたプレートが挟まれていた。

日本の国鉄では、１９６８年にはもう優等列車などの発券はコンピューター化されていたから、日本より格段に進歩しているだろうと思っていたイギリスでこんな体験をさせられて、「なんて遅れているんだろう」と思った。今は昔、ヨーロッパの鉄道がアナログだった時代の郷愁に満ちた話である。

現在は、ヨーロッパも西側の国々では一部を除いてほとんどのターミナルが国内線だろうと国際線だろうと窓口は一本化された、あるいはされつつあるようだが、ただ、東欧となるとまだそうはいかないようだ。私の知る限り、ハンガリーの首都ブダペストの東駅は国内線と国際線の窓口が隣り合ってはいたが分かれていたし、ブルガリアの首都ソフィアの中央駅に至っては国内線は地平、国際線は地下と分かれていた。

いや、このソフィア中央駅の国内線の窓口の対応のひどかったこと！　中年の太った女性がけんもほろろで「ここでは予約できない」の一点張り。「じゃ、どこだ」と聞いても「そんなことに答える義務はない」とばかり教えてくれない。何人かの職員に尋ねて、ようやく地下にあるとわかったが、階段を下りてみたら工事の真っ最中で窓口などどこにもなかった。彼らは、地下で埃《ほこり》を舞い上げ、轟音《ごうおん》を立てながら工事が行なわれていることさえ知らないようだった。

結局、たらい回しにされた挙げ句、巡回していた警官に訊いて、地平のコンコースの一角、小さな仮の窓口にたどり着くことができたのだが、この間たっぷり1時間をロスしてしまった。どこかまだ、社会主義時代の残滓《ざんし》がターミナル全体に漂っているような印象で、たぶんこの駅の職員は一応この国ではエリートなのだろう、「乗りたければ乗せてやる」といった権威主義が鼻についてしかたがなかった。

東欧圏でも大きな駅はもうすでに機械化されており、国際列車の乗車券を購入したり、座席の予約をするのにさほどの手間は要しないことだけは、まだしもの救いといってよいだろう。

いずれにしても、国際列車に乗ろうと思ったら、鉄道案内所か旅行センターにまず顔を出して確認するのが鉄則だろう。

（H・R）

国際列車の発着する駅には両替所を用意

●ユーロの導入で目立たなくなったが……

ヨーロッパでは、2002年に統一通貨のユーロが導入される以前は、国ごとに異なる通貨が使われていた。フランスではフラン、ドイツではマルク、イタリアではリラ……というようにである。そのため、旅行者が旅先で通貨を交換できるよう、国際列車の発着駅には両替所が設けられていた。ユーロの導入以後、多くの国ではこの手続きは不要となり、国境を越えるのが楽になった。しかし、イギリス、スイス、北欧（フィンランドを除く）などは独自の通貨を維持しているので、駅の両替所は今なお健在である。

日本からヨーロッパに行く場合、訪問国が一つだけなら空港で両替すればよい。しかし、通貨の異なる国々を訪ねる場合は、駅の両替所が役に立つ。銀行で両替をすることは、その国の言葉や制度に詳しくなければ、なかなかできるものではない。ホテルのフロントでも両替はできるが、交換レートがよくないかもしれないし、レートのいかんによらず、チップを渡すのがマナーとなる。いろいろ考えてみると、列車に乗る予定がなくても、駅の両替所は利用しやすく、信頼度が高い。

ただ、私が利用した両替所はすべて有人の窓口だったが、昨今は自動両替機が普及しているようだ。機械の操作が必要となると、私もついていけるかどうか。難しいことを考えずに、ホテルに頼ったほうがよいかもしれない。

●乗車前の利用が便利

駅の両替所を利用するタイミングは、国際列車に乗る駅と降りる駅のどちらがよいだろうか。これは、日本から飛行機でヨーロッパに行く時に、どちらの空港で両替すべきかというのとよく似ている。個人的には、乗車駅のほうがよいと思う。たいての場合は出発前のほうが時間があり、落ち着いて対処できるからである。

これはアジアでの経験だが、香港から広州へ列車で往復したことがある。このとき、列車を降りた広州東駅で両替所がなかなか見つからず、日帰りの旅だったのに、30分近くも浪費してしまった。大事なことは、やはり早めにすますのがよい。「備えあれば患《うれ》いなし」である。先に両替をすませておけば、移動中に、これから使う通貨のデザインに目を慣らすこともできる。見慣れない紙幣や硬貨は、最初のうちはお金に見えない。なにしろ、「こども銀行券」みたいな紙切れが、万札に相当する紙幣だったりする。

とはいえ、列車のなかで不用意に紙幣・硬貨をちらつかせるのは考えもの。あまり調子に乗ら

駅構内に設置されている両替所。利用しやすく、信頼度が高い（撮影：H・T）

ないようにしよう。

●両替の額には工夫が必要

早めの用意に越したことはないが、「急いてはことを仕損ずる」という諺もある。両替のタイミングを誤ると、それはそれで不便である。

団体旅行で、スイスのジュネーブからフランスのリヨンに行ったことがある。この列車はフランス国鉄の快速列車で、始発のジュネーブ（コルナヴァン）駅を出ると、すぐにスイスとフランスの国境を越える。そのため、利用者は乗車の前に国境通過の用意をしなければならない。

私はコルナヴァン駅の両替所に行き、手持ちのスイスフランを全部フランスフラン（当時）に交換した。列車が出るまであと1時間。余裕たっぷり。だが、待合室で時間をつぶしているうちに、のどが渇き、おなかも空いてきた。そこで売店を覗いてみると、お菓子もドリンクも値札は全部スイスフランで書いてある。

若い男の店員に、英語で「フランスフランで買えないか」と尋ねてみた。

「ダメ。すぐそこに両替所があるから、替えてくればいいじゃないか」

「いま替えてきたばかりなんだ」

「おっさん、アホちゃうか。はっはっは」

彼の眼がそう言っていた。私は同行者の荷物番をしていたので、その場を離れるわけにはいかない。買い物はあきらめた。まったく、なんでも早ければよいというものではない。1000円分ぐらいはスイスフランを残しておくべきだった。

ちなみに、ジュネーブ発のリヨン行きは、快速（ほとんど各駅停車）なのに軽食・ドリンクの車内販売があった。もちろんフランスフランで購入でき、この地方が本場となっている「エビアン」で、存分にのどを潤した。

（S・M）

列車に乗る前には「時刻掲示板」を見よう

日本の鉄道の場合は、どんなに大きなターミナル駅でも○○方面は1番線から、××方面は2

時刻掲示板の例。出発時刻や列車種別、行き先などが示されている（撮影：S・H）

番線からといったように、方面別で発着ホームが固定されていることがほとんどであるが、ヨーロッパの鉄道は、一部の列車を除き、方面別で発着ホームが固定されていない。同じ行き先でも、1番線から発着するものがあれば、5番線から発着するものもある。さらに、同じ列車でも昨日は2番線から発着したのに、今日は前の列車が遅れたので4番線から発着する、ということもよくある。

ヨーロッパの大きなターミナル駅に行くと、人々が荷物を片手に、あるものを見上げている光景が見られる。これは「時刻掲示板」を見て、自分の乗車する列車が何番線から出発するのかを確認しているのだ。

日本の鉄道では、自分の行きたい方面に発着するホームさえ分かればそれで問題ないので、いちいち時刻掲示板を見る機会は少ないだろう。

しかし、ヨーロッパの鉄道で大事なことは、列車に乗る前に時刻掲示板を見て、自分の乗る列車がどの番線から出発するのかを確認することである。大きなターミナル駅では、駅の中心にあたる位置に時刻掲示板がある。

この時刻掲示板は、空港にあるような案内板をイメージしたほうが近いだろう。大きく2つの時刻掲示板があり、一つは「出発用」、もう一つは「到着用」である。

出発用を例に挙げると、時刻掲示板には出発時刻、列車番号、列車種別、行き先、経由地といったことが記載される。列車が遅れる場合は、具体的に「10分遅れ」などと表示される。

しかし、ヨーロッパでは列車が出発する番線が決まるのは、その列車が到着する30分ぐらい前にならないと決まらない。ドイツやスイスなどでは、ある程度、列車が発着するホームがダイヤごとに固定されていることもあるが、急に変更されることもよくあるので、時刻掲示板をチェックしたほうがより安全である。

またヨーロッパの列車は、10両編成であれば、必ずしも先頭から1~10号車の順序というわけではない。253、254、255、256、257、258……号車といったように、予想もつかないような号車番号が付けられていることも多い。

ある程度、発着ホームが固定されている国では、ホームに到着する列車の列車編成表が掲示されていることもある。2つの行き先の列車の編成が組み合わさって掲示されている場合もあるが、編成表を見ることにより自分の乗車すべき車両も見つけやすくなっている。

ヨーロッパの駅は、日本の感覚からすれば慣れないことが多いかもしれないが、何回も利用していると日本人でも便利である。（S・H）

乗車前にはX線検査を

飛行機に乗る前に、手荷物のX線検査や乗車する本人の検査をするということは当たり前になっているが、同じ検査を列車でも行なうといったら、不思議に思うかもしれない。

ところがヨーロッパでは、手荷物のX線検査や状況によっては本人の検査も行なわれる列車がある。2010年現在で、乗車前にこれらの検査を行なっているのは、ユーロスター（ロンドン〜パリ、ロンドン〜ブリュッセル）のほか、スペインのAVE（マドリッド〜バルセロナ、マドリッド〜コルドバ〜セビーリャ、マラガなど）、ユーロメッド、Alvia（アルビア）、アラリスなど高速列車である。

ユーロスターの場合は他の列車と違い、飛行機と同じようにチェックインタイムが設定されて

駅構内のX線検査場。飛行場にある光景と変わらない（撮影：S・H）

いる。通常は列車の発車時刻の40分前で、その時刻を過ぎると乗車できないようになっている。これは、X線検査はもちろんのこと、ロンドンに向かう場合はイギリスの出入国審査が行なわれるためである。

まずはユーロスターのチケットを持って、自動改札もしくは有人窓口でチケットを提示する。その後に、パリやブリュッセルから出発する場合は、イギリスへの出入国審査を行なう。これが終わったら、いよいよX線検査である。

飛行機と同じように、手荷物をすべてX線検査の機械に入れる。また、パソコンやカメラの場合は、カバンから出して機械に入れることもある。利用者自身は、金属探知機のゲートを潜り抜ける。これらは飛行機で検査する場合と同じである。X線検査で問題がある場合は、係員立会いで手荷物のチェックが行なわれる。

スペインの列車の場合は、AVEなどの高速列車のホームは在来線とは別にあり、ホームに入る前にX線検査が行なわれる。マドリッドやバルセロナなどターミナルの駅では、高速列車のホームにはいつでも入れるわけではなく、列車が発車する時刻の直前に入れるようになっている。発車時刻まで待つ待合室の入口やホームの入口に、X線検査の機械が設置されている。ユーロスターとは違って手荷物のみのチェックだが、時間がかかるので出発時刻ぎりぎりに行くことはおすすめできない。

以上のように、数は少ないが、X線検査を行なう列車があるのもヨーロッパの特徴である。また、駅構内にあるコインロッカーを利用する場合でも、フランスやスペインのターミナル駅では、入口にX線検査の機械があり、預ける荷物を機械に通さないと利用できない。さらにフランスの場合は、コインロッカー利用者自身も金属探知機のゲートを通らないといけないので、注意しよう。（S・H）

寛容？　厳しい？　ヨーロッパ鉄道撮影事情

●撮影に寛容な国々

日本国内で、鉄道やその施設を撮影していて怒られることなど、ほとんどないだろう。もっとも、最近はちょっとした鉄道ブームで、日本国内でも特にイベントがある場合、鉄道各社は警備員を配置するなど、鉄道ファンの撮影を制限する場面も増えてきた。しかし、それは一部のマナーが悪いファンや、マナーそのものを知らない新しいファンが、鉄道会社にとって危険な行為（例えば鉄道施設内、特に線路内へ無断で立ち入る、車両に向かってフラッシュを焚く、などといった行為）を行なうからである。マナーを守り、安全に配慮していれば、鉄道会社側もそれを咎めることはまずしないであろう。

では、ヨーロッパではどうであろうか。一口にヨーロッパと言ってもいろいろな国があるが、鉄道を撮影することに比較的寛容な国と、鉄道撮影自体が禁止となっている国の2つに大別される。

まず撮影に寛容な国を挙げてみると、鉄道発祥の地イギリスや、ファン人口が多いドイツ、観光立国スイスなどで、これらの国ではよほど危険なことをしない限り、列車を撮影していて怒られるようなことはまずない。

私の経験では、イギリスのロンドン・パディントン駅ホームで、小型三脚を立てて夜間長時間露光撮影をしていたら、黒人の大柄な駅員さんが声を掛けてきた。ここは撮影禁止なのかと思ったことと、その駅員さんの強面《こわもて》にちょっとビビってしまい、

「すぐに撤収するよ」と謝ったら、

「いや違う、三脚が少しだけ白線よりはみ出しているからちょっとだけ下がってね、そしたら撮影しても良いよ」とニコリと笑って言われた。下を見たら、確かに三脚の脚が5センチほど白線を跨いでいたので、慌てて引っ込めた。

また、ドイツでは、駅構内に停車していた機関車を撮影していたら、運転士が架線柱のない撮影しやすい場所へわざわざ機関車を動かしてくれたり、パンタグラフを上げてくれたりと、大サービスを受けた。もっとも、これは業務に支障がない場合に、厚意で特別な計らいをしてくれただけで、こういったことを常に期待してはいけないが、それでも日本では考えられないようなことばかりである。

これらの国では、ルールさえ守っていれば、我々鉄道ファンには非常に協力的なのである。

●撮影に厳しい国々

一方、鉄道の撮影が禁止となっている国は、イタリア、スペインといったラテン系の国と、東欧、中欧などかつての社会主義国家である。

これは鉄道が軍事輸送の中核を成す重要な施設とみなされているためで、いわば国家機密の一つとされているからである。鉄道施設の撮影は禁止と、法律で定められているのだ。確かに、戦争における軍備・兵員輸送に鉄道を用いたのは、実はイタリアが最初であると言われており、今も昔も鉄道は軍事施設に等しいのだ。

東欧や中欧の国々では、それこそソ連が幅を利かせていた東西冷戦時代では、鉄道は国家機密中の重要機密であり、撮影しているところが見つかればフィルムは即没収、最悪は逮捕・監禁される可能性もあったのだ。東西冷戦時代に撮影されたこれらの国々の鉄道写真を見ると、鮮明な画像で写っている写真が少ない。先人達が苦労して撮影していた様子が目に浮かぶ。

ところが、これらはあくまで建前の話。法律で定められている以上、職務上では撮影してはいけないよ、と言わざるを得ないのだ。

実際にイタリアやスペインでは、「ここで撮影してはいけない、少なくとも俺が見ている間は……」という駅員もいるくらいで、つまりその駅員さんが去った後はお好きにどうぞ、となる。時には、法律などどこ吹く風で、「この時間帯はあのホームからこの方角を狙って……」などと撮影ポイントを教えてもらったこともある。

もっと撮影にうるさそうなチェコでは、運転士がわざわざ機関車から降りてきて手招きをするので、何を言われるのかと恐る恐る近づいていったら、「発車までの5分間だけ運転席を撮影させてやる」と運転席へ招き入れてくれた。日本で、発車前の機関車の運転室に乗りこんで撮影なんてしたら、新聞沙汰間違いなしだ。

一方で厄介なのが、鉄道警察の存在。駅員さんの場合、なかには鉄道が好きな人もいるわけで、そういう人は撮影していても咎めることはまずしない。それどころか、比較的協力的だ。

その反面、駅構内を巡回している鉄道警察は頭が固く、まず聞く耳を持っていないため、ダメと言ったらダメ。たとえ鉄道会社が発行する撮影許可証を所持していても、これは鉄道会社の許可証だから俺には関係ない、と突っぱねられる。

イタリア南部のカタンツァーロ・リド駅で鉄道警察と揉めたときは、なんとこちらの様子を遠方から監視される始末で、1時間半の待ち時間を何もせず、無駄に過ごす羽目になった。こうなったらさっさと諦めて撤収するか、いなくなったのを見計らって撮影を再開するかのどちらかだが、もう一度見つかったら、次はブタ箱行きになる可能性も覚悟しておこう。

●フランスは撮影禁止ではないのだが……

さて、ここまで話題になっていなかったフランス。

この国には、とくに撮影禁止という法律は存在しないようなのだが、よく耳にするのが、ホームで撮影していると現れるという、「撮影禁止だ」と言ってくる駅職員。どこからともなくやってきては、撮影はだめだとか許可証を見せろだとか、いろいろ難癖を付けてくるらしい。私は幸運なことにこれまでのところお目に掛かったことがないが、もし遭遇したら、仕事の場合はそう簡単に引き下がるわけにもいかず、いなくなってから撮影再開となるのだろうか。

ところで、フランスの大きい駅では、最近テロ対策が強化され、日常的にライフル銃を構え、ご丁寧に逆V字陣形で敵襲に備えた百戦錬磨の屈強なフランス軍兵士が構内をうろつく、……いや、巡回警備に当たっている。さすがにこの人たちの前でカメラを出して撮影するのも気が引けるし、そんな勇気は持ち合わせていない。

また、これは禁止いかんにかかわらず全般として言えることだが、人物を写す、あるいは人物が被写体として写ってしまう場合、日本以上にプライバシーの問題に注意を払う必要がある。ヨーロッパでは、プライバシーに敏感な人も多く、撮影してしまったがためにトラブルになることもあるからだ。

実はプライバシーに関して、撮影に寛容なはずのドイツで駅員に制止され、危うくフィルム没収、デジタルデータ消去という事態になりそうな「事件」を経験した。

2010年10月、取材で訪れたドイツ・マインツ駅で、到着した列車の様子を撮影していると、駅長と思《おぼ》しき男性が血相を変えて飛んできた。

「何を撮影した!」「見せてみろ!」と、すごい形相で睨みつける。

恐る恐るデジタルカメラの画面を見せると、写真の端に映った乗務員と乗客を指し、

「人が写っているじゃないか」

「車両は良いが人はダメだ」とまくし立てられた。

撮影したといっても、望遠レンズで遠景から列車とホームを狙っただけである。ホームを撮影すれば、おのずと写真のどこかに人物は写るというもの。とくにに乗客や乗務員とトラブルになったわけではない。何とか駅長を言いくるめて難を逃れたが、わずかに人物が写っただけでこれでは、今後、駅でカメラを向けることが非常に難しくなるかもしれない。

最後に余談だが、イタリア南部では何をする場合でも地元の元締め、——つまりマフィアの親分——に手土産付きで挨拶をしておくと、不思議と警察からも何も言われない……という噂もある。細かいところで「袖の下」が通用するヨーロッパだけに、あながち嘘でもないのかもしれない。……もっとも、もちろん試したことはないのだけれど。（H・T）

ヨーロッパでは整列乗車はありえない？

日本では、列車の停止位置はきちんと決まっている。1号車、2号車、3号車……と、ホームやホーム脇の線路端、あるいは頭上の表示板に停止位置のこと細かい掲示があり、それに従って待っていれば、寸分の狂いなく目の前で車両のドアが開く。乗客も整然と列をつくって順番に車両に乗り込む。

しかし、この当たり前のようなことがヨーロッパでは当てはまらない。どの国でも、正確な停止位置など「ない」も同然なのだ。

北欧スウェーデンのストックホルムで、ナルヴィク方面へ向かう夜行列車に乗ろうと、寝台券を駅員に見せ、乗車位置を尋ねたら、「知らない」と言われたことがあった。

「あなたは駅員じゃないのですか?」と怪訝《けげん》な表情で聞き返したら、「編成も停止位置も毎日変わるから分からない。ホームの真ん中で待っているのが確実だ」と、悪びれずに真面目な表情で彼は答えた。

北イタリアのヴェローナ・ポルタ・ヌオーヴァ駅では、ホームに優等列車の停止位置を一覧にした掲示板があり、私の乗るヴェネツィア・サンタルチア行き列車は、前から1号車、2号車……10号車の順に停車すると書いてあった。

ところが、入ってきた列車は10号車が先頭で1号車は一番後ろだったのには驚いた。おかげで乗客たちは重いカバンを持ってホームを走り回る羽目になった。私の指定券には2号車とあったので、息を切らしながら100メートル以上もダッシュした。似たような光景は1章の「日によって変わる?　列車編成の順序と号車番号」の項にも記述されているし、イタリア映画のワンシーンでも見たことがあったから、これは日常茶飯事のようだ。

だったら、はじめから掲示なんて出さないスウェーデン方式のほうが親切だ。

何事もきちんとしていると定評あるドイツだって、停止位置の表示は日本的感覚からしたら大雑把だ。ホームに20〜30メートルおきにA、B、C……という表示があり、列車編成表という掲示板には、1等車はAのあたり、2等車はCとDのあたりと案内してあるだけ。イタリアみたいにまったくデタラメということはないけれど、日本の感覚で言えば、「雑」である。多少のずれは許容範囲ということだろうか?

だから、列車到着前からの整列乗車なんてありえないので、乗客はてんでバラバラの状態で雑然と列車を待っている。列車が停まってから乗るまでの要領の悪いことと言ったらない。

それを見越してか、日本のように30秒ほどの短い停車時間で乗客を乗り降りさせ、さっさと発車して行くなどといった神業的な定時運行は最初から想定していない。先を急ぐ慌しい高速列車でも、停車駅で2分以上停車という、日本的には長い停車時間は当たり前なのだ。

こうしたラフな状態に慣れてから帰国すると、列車の多少のオーバーランがニュースになる国は、逆に異常なのかもしれないと思ってしまう。


（N・T）

スリにはくれぐれもご用心

ヨーロッパ旅行をしていて、鉄道の駅などでスリや置引きなどの盗難に遭った話をときどき聞く。まずは、私が直接見聞・体験した事例を紹介しよう。

【被害例その1】

ポーランド北部にあり、バルト海に面した港湾都市グダニスクに数人で調査に行った帰り、ワルシャワに戻るためにグダニスク中央駅に行った。高緯度地方の冬は、朝の9時過ぎにやっと薄明るくなり、15時を回ると暗くなってくるので、夕方にはあたりはもう真っ暗であった。

やってきた列車に低床ホームから乗車した。グダニスクからの乗客は多く、乗降口の周囲には人だかりがし、デッキからコンパートメントへの通路が狭いこともあり、すれ違いができないほどの混雑である。

やっとのことで空いたコンパートメントに座り、食堂車で買ってきたビールを飲もうとしたその時、同行の日本人のJ氏が「財布をすられた」と口惜しそうな顔をして、ズボンの後ろポケットを何度も調べるが、ないものはない。日本円にして5万円以上の米ドル札が入っていたそうだ。

同行していたポーランド語・日本語通訳のアンナさんが、

「あら大変だ。乗車するときにやられたんでしょう。本当にどうしようもない奴らなのよ。ポーランドの恥だわ」と言う。

アンナさんによると、スリの手口は次のようなものである。

①何人かがグルになっており、ホーム側と列車側に分かれてチームを組む。

②カモになりそうな乗客を見つけ、その乗客が乗車するタイミングをうかがう。

③そのとき、列車内の乗客（犯人の1人）は、「降ろしてくれ。違う列車に乗った」などと言って、混雑した狭い乗車口からホームに降りようとする。

④同時に低床ホーム側ではカモのすぐ後ろから別の乗客（犯人の1人）が無理やり乗ろうとする。

⑤つまり、③と④の状態でカモは前後から犯人に挟み撃ちにされ、人工的な混雑のなかでぎゅうぎゅう押されるのである。

⑥このようなことを知らないカモは、混雑をかき分けて何とか列車に乗ろうとする。

⑦⑥のスキにズボンや上着の内ポケットの財布を盗むのである。

それを聞いたJ氏は、さらに口惜しそうに「今度は金の入っていない財布を持っていて、ポーランド語でバカと書いた紙を中に入れておこう」と言う。とはいえ盗まれた金は戻ってこない。

アンナさんによると、このような被害は結構多いそうだ。かくいう私もワルシャワのオケンチエ国際空港から市内までの路線バスに乗った時、下車の際に周囲に人工混雑を起こされ、同じような被害に遭った。

【被害例その2】

デンマークの首都コペンハーゲンにあるカストラップ国際空港で飛行機を乗り継いだとき、数時間の待ち時間があった。そこで空港連絡鉄道の視察も兼ねて、空港ターミナルビルに直結したカストラップ空港駅からコペンハーゲン中央駅までを列車で往復することにした。

空港ターミナルビル内にあるデンマーク国鉄（DSB）のカウンターで切符を購入し、カストラップ空港駅のホームに降りた。ここは相対式の2面2線の掘割式の駅で、待っている間に反対側のホームにオアスン海峡連絡線を走る列車がやってきたのを写真撮影。同行したS氏も車両が好きなのか、ホームを行ったり来たり。

撮影を終えると、S氏が「パソコンが入ったウォーキングバッグがない」とホームをあちこち捜し回っている。聞いてみると、ホーム上にウォーキングバッグを放置したまま、カメラを持ってあちこち歩いていたそうだ。日本でならまだしも、外国でこのようなことをするのは、「盗んでくれ」と言っているようなものだ。

少しでも盗難保険が下りるようにと、空港内の警察に状況を説明し被害届を出していたら、空港連絡鉄道を視察するための時間はなくなってしまった。警察で手続きをしたものの、結局のところパソコンは盗まれたまま出てこなかった。

これ以外にも、座席確保のために列車内の座席に荷物や衣服を置いていて、席を離れて戻ってきたところ、座席に置いていた荷物や衣類がなくなるケースもよくある。

私の知人T氏は、始発駅のホームで列車の写真を撮っている間に、写真の画像データを記録した補助記憶装置や航空券などが入った荷物を座席から盗まれてしまい、日本に帰国してからも、しばらくの間、かなり落ち込んでいた。

このような被害は、ヨーロッパでよくある盗難の事例だ。治安のいい日本からは考えにくい犯罪であるが、日本では安全な行為であっても、同じようなやり方はヨーロッパ、いや外国では通じないことを覚えておき、常に注意を怠らないことが肝要である。

（A・Y）

ホームでは欠かせない抱擁の情景

愛し合う2人が、ホームで別れを惜しんでしっかりと抱擁を続けている。しかし、無常にも別れの時はやってきた。せかすように構内にこだまする車掌のホイッスル。閉まるドアをさえぎるように、女性の元を離れ、列車に飛び乗る若者。そして、ドアの窓から身を乗り出すように彼は手を振り続ける。列車がゆっくり動き出すと、その動きにあわせて小走りに後を追う女性。しかし、無常な列車は、スピードをあげ、やがて彼女の視界から消えていく。いつまでも列車の姿を追っていた彼女も、ついにはあきらめて、踵《きびす》を返してとぼとぼと戻ってくる。頬にはうっすらと涙が流れている。

これは映画の一シーンではない。ヨーロッパのどこのターミナル駅でも、ごく当たり前のように見られる情景である。こんなシーンを見ていると、まるで自分が映画の撮影セットのなかに紛れ込んでしまったように錯覚してしまう。しかし、現実によくあるできごとなのだ。

それが証拠に、ドイツで発行されている権威ある図解辞書『ドゥーデン（Duden）』を見てみるとよい。

この真面目な辞書は、こと細かく世のさまざまな事象の専門用語を図解で示している。もちろん鉄道関係も充実しているのだが、ホームという項目があって、見開き2ページにわたって、ホームの情景を図示し、50近い単語をピックアップしている。イラストでは高速列車ICEと、Sバーンと呼ばれる近郊電車が並んだホームを再現していて、駅名標、発車案内板、ベンチ、車掌、鉄道警察、売店などをドイツ語で何と言うか逐一書かれている。そして何ということか、抱き合ってキスをする男女のイラストもしっかり描かれていて「der Abschiedskuss」（別れのキス）との解説まであるのだ。『ドゥーデン』は歴史ある辞書で何回も改訂されているが、「別れのキス」は毎回掲載され、最新のカラー版では、よりはっきりと大きく取り上げられている。いたずら心のある編集者が、こっそりと入れたのではと思っていたが、今では、「駅に関する専門用語」として、すっかり定着してしまったともいえる。

別れや出会い、再会など、ヨーロッパの駅ではさまざまな抱擁が繰り返される（撮影：H・T）

駅での抱擁は、悲しい話ばかりではない。別れがあれば、出会いや再会もある。長距離列車が到着して、幼子を抱いた母親が降り立つと、駆け寄ってくる老夫婦がいる。生まれたばかりの子供を見せに、里帰りした娘を出迎える両親だろうか。姿を見るやいなや、駆け寄ってホームの真ん中で抱擁とキスを繰り返す。キスをするのは若者ばかりではない。年老いた人々も、出会いや別れにはキスで挨拶する。これがヨーロッパの慣習なのであろう。

しかし、こんなこともあった。パリで地下鉄に乗ろうと、改札口で切符を買おうとした時のこと。窓口に男女の駅員がいたので、窓を軽くノックした。すぐに男の駅員が私に気付き、「ちょっと待って」との仕種をする。それで、私は「ちょっと」待つことになった。ところが、である。女性は身支度をしていたから、勤務が終わって帰る時間のようだったが、いきなり2人は抱き合って熱いキスを交わし始めたのだ。男は私の存在を知っていたから、片目で私のほうを気にしつつも、堂々と愛し続けた。いつまで続ける気かな、と半ば呆れながら目のやり場に困ることといったらなかった。

数分は待たされたような気がしたのだが、ついに抱擁は解け、女性は姿を消した。ようやく男性は窓口に現れ、何事もなかったかのように、「ボンジュール（こんにちは）」と私に応対してくれた。特に悪びれず、まずいところを見られてしまった、などという感じはまったくなかった。

日本だったら、投書や苦情電話が入り、勤務中の不祥事ということで、2人とも懲戒解雇になるかもしれないだろう。しかし、普段から抱擁シーンに見慣れてしまうと、まあそういうこともあるだろうな、と妙に納得してしまうのがヨーロッパなのである。

（N・T）

ご当地の名物駅弁

列車に乗っている時間が、昼食時や夕食時にかかると、食事の心配をしなくてはならない。日本の場合であれば、駅や車内で駅弁を購入することを誰しも考える。ごく一部の豪華寝台列車を除いて、食堂車が廃止された現状では、それしか選択肢がないのである。

ヨーロッパの場合はどうか？　DB（ドイツ鉄道）の高速列車ICEでは、食堂車が連結されている。しかも、車両の真ん中にある厨房を挟んで、軽食コーナーと本格的な食事ができるレストランに分かれているから、その時の空腹具合や懐具合と相談して選択が可能だ。車窓を眺めながらテーブル席で食事をしたり、軽く一杯やるのは極上の気分である。座席備え付けの手狭なテーブルに弁当を広げるのとは雲泥の差だ。ウエイターやウエイトレスが温かい食事を運んできてくれると、優雅な雰囲気に浸れ、心も豊かになる。

ただ、編成の長い列車の中を移動しなければならないのと、座席に置いてきた荷物のことが心配になる。それが嫌なら、乗務員にオーダーして、席まで運んでもらうサービスを利用することだ。ただし、1等車のみの特権ではあるが……。

オイロシティ（ユーロシティ）のような国際列車の場合は、国や路線によって食事事情には差がある。

ドイツのミュンヘンからオーストリアを経由してイタリアへ向かった列車には食堂車が連結されていたにもかかわらず、行ってみたら売店があるのみだった。薄汚れたテーブル席は、人もまばらだったし、メニューもサンドウィッチ程度しか揃っていなかった。サンドウィッチといっても、日本のようにパンの耳を切り落として小奇麗にセットされたものではなく、固いパンを切って、無造作にハムや野菜を挟んだだけのもの。ドリンクを別に注文して、一人でテーブルに座って食べるのは何とも惨めな気分だった。

乗車していたコンパートメントが満席で窮屈だったので、食後も少しは食堂車でくつろいでいこうと思っていたら、無愛想な係員が、さっさと席に戻れといわんばかりに追い出しにかかってきた。がらんとした食堂車なのに何を考えているのだろう。

こうした事情を知っている人が多いのか、客車内を見渡せば、あらかじめ持ち込んだ食料を口に入れている人が目に付いた。パンとチーズやハム、それに野菜を袋から取り出し、小さなテーブル上でサンドウィッチをつくるのである。これなら安上りだし、無愛想な係員と顔を合わせなくてもすむ。

ヨーロッパには、日本のような名物駅弁はないのだろうか？　私の知る限り出会ったことがない。

少し前の1983年夏のことだが、ベルギー方面からやってきた国際列車にドイツ国内で乗ったことがある。一人で空いたコンパートメントに座っていたら、珍しくワゴンを押した車内販売がやってきた。日本人ではないのに、関西弁で話しかけてきた。ちょうど何か食べたかったので、聞いてみると、ランチボックスのようなものをすすめてくる。見た目が駅弁風で懐かしかったので、それを購入した。係員は暇なのか通路側の席に腰を下ろして油を売っていたが、私が日本人だと分かると、そのうちどこで覚えたのか、下ネタを関西弁でまくし立てて絡《から》んできた。私が余り相手にしなかったので、そのうち出て行った。さっそくランチボックスを開けて食べてみたが、どうということのない味。ありきたりのパンやハム、チーズ、野菜、デザートのフルーツが少々。とうてい沿線の名物といえる代物ではなかった。

これが何回かのヨーロッパ鉄道旅行での、唯一の駅弁らしきものの購入体験である。（N・T）

隣の駅名が記されていない駅名標

列車が駅に到着する。何という駅かな、と思って窓からホームをのぞくと、駅名標が立っている。屋根のあるホームの場合は、上から吊るされていることも多いけれど、大きな字で駅の名前

ベンチの上に駅名標はあるが、両隣の駅名は書かれていない
（撮影：H・T）

が記されている。降りる予定の駅だったら、慌てて荷物をまとめてドアに向かうところだが、途中駅だったら、のんびりホームや駅構内の様子を観察したりする。

日本の場合は、駅名の下の左右に隣の駅名が書いてある。それを読めば、目的地は「まだ先だなあ」とか「次で降りるのか」などと心の準備ができるものだ。ところが、ヨーロッパではどこの駅も、その駅の名前は大書にしてあるのに、両隣の駅名は、絶対と言っていいほど書いてない。日本の鉄道旅行に慣れた身には、不便であるし、不可思議だ。

国際列車や高速列車のような幹線を走る優等列車の場合、最近は自国語の車内放送で次の停車駅を案内するが、次には英語やドイツ語といったヨーロッパの多くの国々で幅を利かせている言語による放送が流れるので、理解しやすい。日本ほど丁寧な案内ではないけれど、主要駅での乗換え案内くらいまでは紹介されるから、必要十分とも言える。ドイツ語圏では、列車固有の時刻表も座席に配られるので、目で見てもよく分かる。それと、大きな駅の場合、列車がホームに入るかなり前、構内の入口あたりにも駅名が書かれた看板が線路際に立っていて、否が応でも目に入る。その後は、通常、列車は減速して実にゆっくりとホームへ入って行く。それから降りる準備をしても十分間に合うのだから、ある意味、これが次の駅の案内なのかなとも思う。

困るのは、ローカル列車の場合だ。古い車両であれば、何のアナウンスもなく、窓から駅名を確認して自分で判断するしか方法がない。現地語以外は話せない地元の乗客ばかりで、教えてもらおうにもコミュニケーションが成立しなくて途方に暮れることも多々ある。

自衛手段としては、各駅の発着時刻が載った時刻表なり、そのデータをコピーしたものを持参して各駅ごとに確認していけば安心だ。全駅が掲載された時刻表であれば、1駅ずつ確認していって、「次の次だな。それであと8分か」などと自分に言い聞かせるのだ。

ところが、こうした列車に限ってよく遅れるときている。こうなると、時刻はあってないようなもの。当てにならないから、駅順だけが頼りとなる。各駅ごとの列車時刻表は、最近では各鉄道会社のウェブサイトで簡単に検索できるから、現地へ赴く前に準備しておくのが賢明であろう。

新型車両に乗った場合、電光表示で次の駅名が分かる場合もある。これなら車内放送がなくても安心だ。バスや路面電車の場合も、車掌がいないワンマン運転がほとんどだけれど、電光表示や録音されたアナウンスが流れ、何とかなるのは心強い。

駅名標の表記方法の違いは、習慣の差だろうと思うが、「実害」はだんだんと解消されつつあるようだ。

（N・T）

雨に濡れても

列車が大都会のターミナル駅の構内にゆっくりと入って行く。荷物を持ってドアのところで窓から外を見ていたら、雨が降り出した。残念ながら、傘はカバンの奥深くにしまってあるので、取り出すのが大変だ。でも、タクシーでホテルに乗り付ければ傘なしでも大丈夫かな？

やがて、列車はホームに横付けとなった。ところが乗った客車が悪かったのか、車両は編成の後ろのほうで、ホームの先端近くに停まった。そこは、屋根も何もない場所で、ドアの外へ出るやいなや、雨に濡れてしまった。しかも、屋根のある場所までは、客車４両分くらいはある。重い荷物を転がしながら、急いで駆け出した。

周りの人はどうしているかと思ったが、意外にも平然と歩いている。傘もささないで、濡れるなら濡れろと言わんばかりだ。乗った車両は1等車だ。だったら、雨に濡れない場所に停めるのが礼儀というものじゃないのかな。しかし、誰もそんなことは考えないようだし、文句も言わないようだ。

日本であれば、ローカル線は別として、幹線の都会にある優等列車が到着するホームなら、長いホームのほとんどが屋根付きであろう。多少編成の長い列車が屋根のある部分からはみ出ることはあるにせよ、客車何両分も歩かなくては屋根の下にたどり着けないということはない。

だいたい、ヨーロッパの人たちは、よほどのことがない限り傘はささないようだ。寒い地域での暮らしに慣れているせいか、多少濡れたくらいで風邪をひくなどという軟弱な体ではないのだろう。

旅行中、朝起きて、当日の天気を窓から確認することがあるが、雨模様の時に誰も傘をさしていないので、大丈夫かな、と思って外へ出ると、傘が必要なくらいの雨だったということはよくある。また、みんな薄着なので、それほど寒くはないのかなと思ってTシャツで飛び出したら、寒くて身震いして部屋に戻ったこともあった。かように彼らの感覚は、私とは全然異なるようだ。

ホームの話に戻るが、大きなドームで覆われたターミナル駅で、客車がドーム内に収まるのは、せいぜい数両分の長さだ。あとは、ドームから離れて野ざらし状態である。それも、1等車が必ずドーム内に停まるという保証もない。

最近では、それでは不便だと考え始めたのか、急ごしらえの屋根をつくって便宜を図ってくれている駅もある。ドイツのケルン中央駅のように、斬新なデザインの屋根を増設した駅もある。しかし、屋根も何もないホームは相変わらず多い。

こんな状態のホームでも利点はある。晴れていれば、列車の写真を撮るには好都合だということだ。柱や屋根に遮られてアングルが制約される度合いが少ない。ターミナル駅の管理者は、意外に鉄道ファン思いなのかもしれない。（N・T）

行き止り式の駅が多い

●行き止り式は自然な発想

鉄道の駅には「頭端式ホーム」というスタイルがある。これは、終点で途切れる線路をホームで取り囲むようにしたもので、線路が多い場合は「櫛形ホーム」とも言う。頭端式ホームは駅のコンコースと同じ平面につくることができ、頭端部ではホーム間を楽に移動できることから、バリアフリーの観点からは望ましい構造である。

ヨーロッパの大都市には、この頭端式ホームのターミナル駅が非常に多い。たとえば、パリには長距離列車の始発駅が6つあるが、すべて頭端式ホームとなっている。ロンドンのターミナルも同様であり、その他、ドイツ南部、スイス、イタリアでも、多くのターミナル駅が頭端式を採用している。これはおそらく、鉄道が生まれた頃の自然な発想だったのだろう。2つの都市を結ぶことだけを考えるなら、線路は市街地の外れから、放射状に延ばしてゆくのが自然である。

日本の鉄道では、ターミナル駅でも通過式の線路配置であることが多い。頭端式・通過式ともそれぞれの長所・短所があるが、ヨーロッパの頭端式ターミナルには、すばらしい風情が感じられる。都会の大通りから少し脇に入っただけで、ドームに覆われた広い空間が目の前に現われ、色とりどりの機関車・客車が並んでいる……というのは、何とも気持ちのいい光景である。公共の利便のための施設なのに、まるで博物館か遊園地ではないか。しかも入場料はいらないし、好きなだけいても咎められない。日本にも、もっとこういう駅をつくってくれればよかったのに……と思わずにはいられない。

●頭端式ターミナルの副産物

行き止りのホームに列車が出入りするシステムは、ヨーロッパの鉄道にいくつかの副産物をもたらしている。なかでも、ヨーロッパの列車運転の主流をなす、機関車・客車との関わりがおもしろい。

機関車が客車を牽《ひ》く列車は、頭端式ホームに到着すると折り返すのが大変である。列車の最後尾は無動力の客車なので、別の機関車を使って引き出さなくてはならない。しかし、列車の発着が頻繁な駅では、そんな悠長なことはやっていられない。その駅が終着駅ではなく、途中停車駅である場合はなおさらである。

そこで、このように機敏な折返しが必要な列車に限っては、客車の最後尾に運転台を取り付け、反対側の機関車に客車を推進させられるようにした。このようなシステムを「プッシュプル列車」あるいは「プッシュプル運転」と言う。プッシュプル列車は日本ではほとんど見られないが、ヨーロッパでは非常にポピュラーな運転方式である。

また、ヨーロッパの高速列車には、フランスのTGV、ドイツのICE1、イタリアのETR500、イギリスのHSTなど、編成の両端に動力車を連結し、中間部は客車としている列車が多い。これは、機関車・客車方式で高速運転を行なう場合、プッシュプルで運転すると、運転方向によって動力の伝わり方がまったく異なってしまうからである。

もちろん、機関車を増やしてパワーアップする目的もあったのだが、頭端駅の問題がなければ、

頭端式のパリ北駅（撮影：S・M）

TGVやICEは、機関車を最前部に2両連結する「重連」の編成になっていたのではないだろうか。

さらにもう一つ。ヨーロッパの列車には、座席の向きを変えられないものが多い。

これは、頭端式ホームの駅が多く、長距離列車は大きな駅に着くたびに進行方向が変わるので、進行方向へのこだわりが弱かったからではないかと思う。それに、伝統的なコンパートメントの車内では、方向転換の違和感は少ない。20世紀の後半からは開放室の車両が増えてきたが、それでも、一方向きの座席が固定されて並んでいる。いくつかの横列ごとに、前後を逆にして固定しているのである。

●日本では早くから通過式を採用

ヨーロッパの鉄道のシンボルというべき頭端式ホームも、ドイツの北部から北欧にかけてはあまり見

●日本の通過式ホームと頭端式ホームの例

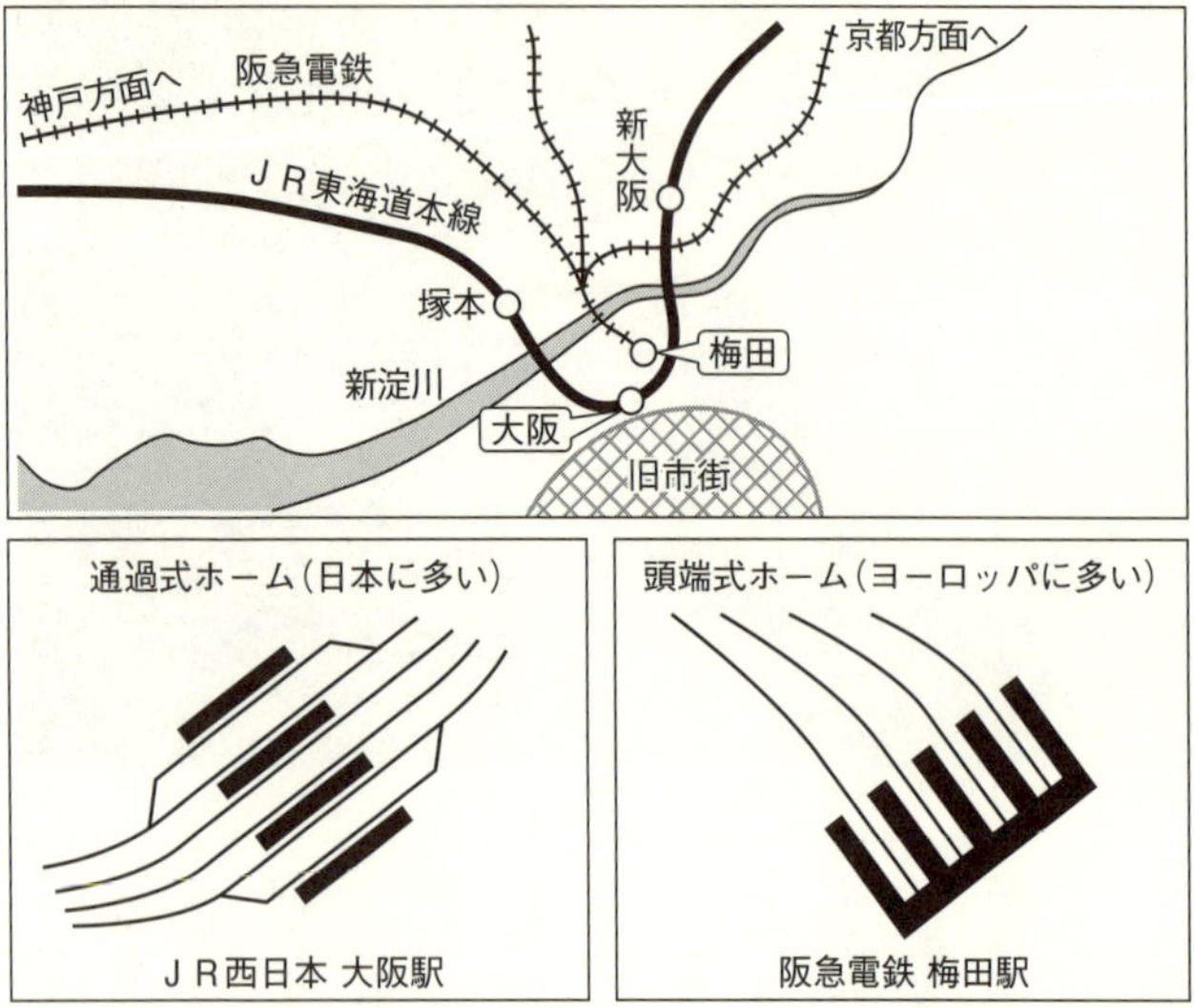

（一部の線路とホームは省略）　（一部の線路とホームは省略）

られない。

ドイツでは、フランクフルト、シュトゥットガルト、ミュンヘンの中央駅は頭端式なのに、ケルン、ハンブルク、ベルリンの中央駅は通過式であり、南と北で事情が異なっている。これは、北部の鉄道の建設を進めたプロイセンの方針とも言われている。頭端式ホームは雰囲気こそすばらしいものの、列車を運転する側と、その駅に用のない乗客にとっては面倒なことが多い。それよりも、短時間に多くの列車が出入りできる通過式ターミナルのほうが、輸送上のメリットが大きいのである。

日本の鉄道は、早くからそれを学んでいたようだ。たとえばＪＲ大阪駅である。大阪駅は東西に延びる通過式ターミナルだが、地図をよく見ると、この付近の東海道本線は大きく南へ回り込んでおり、新大阪駅～大阪駅～塚本駅のルートでほとんど「ひ」の字を描いている。しかも、この遠回りのルートをつくるために、線路は広い新淀川を2回も渡っている。

このような場合、ヨーロッパならば新大阪駅と塚本駅を直線で結び、中間部から枝線を分岐させて、頭端式の大阪駅を設けたのではないだろうか。さまざまな列車が目まぐるしく発着する大阪駅を見るにつけ、通過式でよかったと思わずにはいられない。

大阪駅の隣には、日本最大の頭端式ホームの駅、阪急電鉄の梅田駅がある。日本とヨーロッパの駅を代表する様式が、肩を並べているのである。

（S・M）

長距離列車のホームは低い

●低いホームは線路に近い

ヨーロッパの駅のホームは、概して低くつくられている。長距離路線のホームは低く、地下鉄などのホームは高い。ホームと列車の床の高さがずれていると、乗り降りに時間がかかり、列車が遅れる原因にもなりうる。その点、長距離列車は停車時間が少しぐらい延びても、あまり気にする人はいない（というのがヨーロッパである）。それならば、手間とお金をかけて高床ホームをつくるより、客車の出入口にステップを付けたほうが安上がり……となるのだろう。

しかし、低いホームには人が線路に立ち入りやすいという欠点がある。

もし、頭端式ホームの先端から隣のホームへ移りたくなった時、目の前に列車がなかったら、どんな気持ちになるだろう。「線路の頭端を回るより、この線路をひょいと乗り越えて……」と、つい、そんなことを考えるものだ。しかし、絶対にしてはいけない。大きな駅の構内では、どこから列車が近づいてくるかわからず、非常に危険である。

もっとも、いくつかの頭端式ターミナル駅を見た限りでは、そんな危険を冒す人は一人もいなかった。そもそもこの型のホームは乗り場を間違えにくいし、ホームの中ほどに地下通路があることもある。

注意を要するのは、実は旅行者よりも鉄道愛好者である。入線する列車を見ようとホームの先まで行ったはいいが、珍しい列車がやってきて、少し離れたホームに入ろうものなら、さあ大変、居ても立ってもいられない。

●高速列車の通過駅なのに……

しかし、ところ変われば何とやら。私が「ひょいと乗り越えて」などとは決して思わない線路を、ひょいひょい乗り越えて行く人々がいた。

低いホームが多いヨーロッパでは、低床式車両が活躍（撮影：H・T）

もう10年も前になるが、パリの北駅から近郊のサン・ドニという町に行ってみた。この方面の路線は長距離線と近距離線の複々線になっている。サン・ドニ駅は、近距離列車だけの停車駅で、長距離線には高速列車のユーロスターやタリスが走っている。これらの列車は少し北で高速新線（TGV北ヨーロッパ線）に入り、そこから最高時速300キロで走行するのである。

さて、このサン・ドニ駅の構内は、西から近距離線（ホームあり）、長距離線（ホームなし）、駅舎、駅前広場と並んでおり、ホームと駅舎は地下通路で結ばれている。ところが、都心方面から電車が着くたびに、何人かの男が長距離線をひょいひょいと横切り、駅舎を無視して町なかに消えてしまう。ホームが低いので、楽に線路を越えられるのだ。面倒だからではなく、もちろん、無賃乗車をしているのである。

それにしても、TGVが走る線路をまたぐとは……。高速新線ではないが、それでも大変な速さである。時速150キロは軽く超えているだろう。日本では考えられないことだ。

今は状況が変わっているかもしれないが、日本とヨーロッパの違いをしみじみ味わったことである。

（S・M）

第4章

切符・時刻表編

国によって大人になったり、子供になったり

日本ではどの鉄道に乗っても子供運賃の対象となる年齢は変わらないが、ヨーロッパの場合は、そうはいかない。

複数の国から構成されているヨーロッパでは、国によって子供運賃の対象となる年齢は違う。ただし、国を跨《また》がる国際列車の子供運賃の対象年齢は、4歳から11歳と決まっている。

例えばパリ～ジュネーヴ～チューリヒ～インスブルック～ウィーン～ミュンヘン～ベルリン～ハンブルク～コペンハーゲン～ストックホルムを両親と5歳のA子、11歳のB子、12歳のC夫の3名の子供が旅行した場合。

●パリ→ジュネーヴ間は国際列車となるため、A子とB子は子供運賃だが、C夫は大人運賃もしくはユース運賃（25歳までを対象とした割引運賃）となる。

●ジュネーヴ→チューリヒ間は、スイス国内となるため、A子は乗車運賃が無料、B子とC夫は子供運賃となる。

●チューリヒ→インスブルック間は、国際列車となるため、A子とB子は子供運賃だが、C夫は大人運賃もしくはユース運賃となる。

●インスブルック→ウィーン間は、オーストリア国内区間となるため、A子は乗車運賃が無料、B子は子供運賃、C夫は大人運賃もしくはユース運賃となる。
●ウィーン→ミュンヘン間は、国際列車となるため、A子とB子は子供運賃だが、C夫は大人運賃もしくはユース運賃となる。
●ミュンヘン→ベルリン→ハンブルク間は、ドイツ国内区間となるため、A子は乗車運賃が無料、B子、C夫は子供運賃となる。
●ハンブルク→コペンハーゲン間は、国際列車となるため、A子とB子は子供運賃だが、C夫は大人運賃もしくはユース運賃となる。
●コペンハーゲン～ストックホルム間は、国際列車だが、X2000の2等クラスを利用した場合、大人1名につき2名までの5～16歳の子供が無料となるため、A子、B子、C夫は3名とも乗車運賃は無料となる。

子供の乗車運賃は、大人の約半額程度である場合が多い。しかし、国によってはより優遇される場合がある。

例えば、スイスの鉄道パスであるスイスパスを所持している両親と同行する6～15歳までの子供には、「スイスファミリーカード」を付けることが可能である。この「スイスファミリーカード」

●ヨーロッパ各国の子供年齢表

国　名	主要運営鉄道会社	年齢
国際区間		4－11歳
イギリス	ATOC（National rail）	5－15歳
アイルランド	IE	5－15歳
フランス	SNCF	4－11歳
イタリア	FS	4－11歳
ドイツ	DB	6－14歳
スイス	SBB ／スイストラベルシステム	6－15歳
オーストリア	OBB	6－11歳
スペイン	renfe	4－11歳
ポルトガル	CP	4－11歳
オランダ	NS	4－11歳
ベルギー	SNCB	4－11歳
ルクセンブルク	CFL	4－11歳
クロアチア	HZ	4－11歳
スロヴェニア	SZ	4－11歳
ポーランド	PKP	4－12歳
オーストリア	OBB	6－11歳
チェコ	CD	4－14歳
スロヴァキア	ZSSK	4－14歳
ハンガリー	MAV	6－13歳
ルーマニア	C.F.R	4－11歳
ブルガリア	BDZ	4－11歳
セルビア	ZS	4－13歳
モンテネグロ	ZCG	4－11歳
マケドニア	MZ	4－11歳
ギリシャ	OSE	4－11歳
デンマーク	DSB	4－15歳
スウェーデン	SJ	4－15歳
ノルウェー	NSB	4－15歳
フィンランド	VR	6－16歳

を持っていれば、子供はスイスパスが利用できる鉄道運賃が無料となるのだ。

　このようにヨーロッパでは、移動する国によって運賃が無料になったり、子供運賃になったり、大人運賃になったりするのだ。多くの国を跨《また》いで移動するヨーロッパならではの状況だろう。

（S・H）

インターネットでの鉄道チケット購入

最近では、日本の鉄道でもインターネットや携帯電話のサイトからチケットが購入できるようになっているが、ヨーロッパでもインターネットでの鉄道チケット購入が一般的になりつつある。

　近郊列車やローカル線のチケットは駅での購入が中心だが、TGVやICEの高速列車やインターシティ、ユーロシティなどの長距離列車、ユーロナイトやシティナイトラインなどの夜行列車のチケットは、インターネットで販売していることが多くなった。

　日本と比べて、多様な運賃設定をしているので、インターネット販売限定の運賃もある。航空券やホテルと同じように「早割」を設定している国もある。

　さらに航空券と同じように、E-Tickets対応の列車も多くなった。またE-Ticketsに対応していない場合でも、メールで送られてくる「予約確認書」に記載される予約番号を元に、駅の自動券

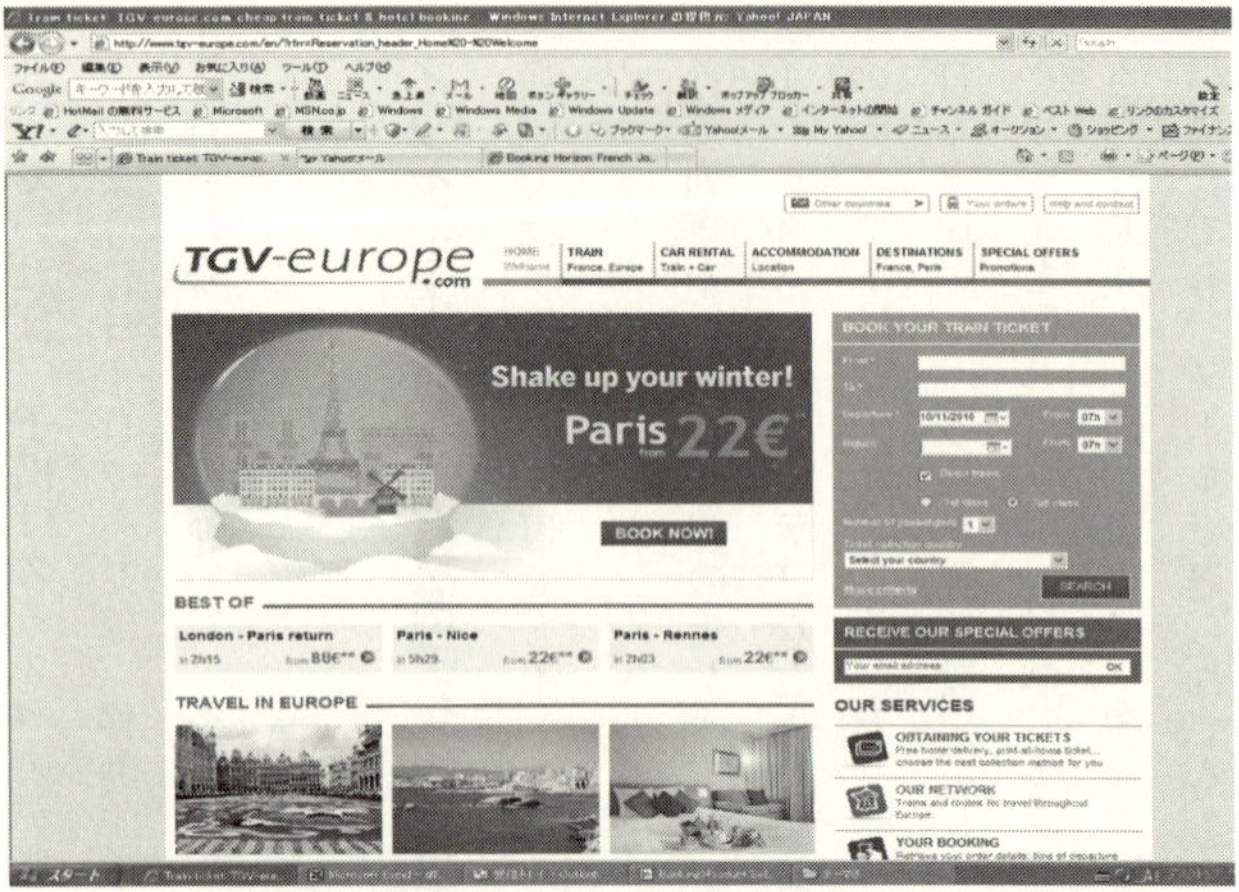

TGVのチケット購入の際のインターネット画面（撮影：S・H）

売機でチケットを発券できるようになっている。

自動券売機が使えない場合でも、「予約確認書」を持参すれば駅のチケット売り場でもチケットの発券が可能である。

インターネットでチケットを購入する場合は、原則としてクレジットカード決済となる。また鉄道会社によっては、会員登録をしなければ購入できないこともある。

さすがに日本語表示のサイトはないようだが、英語表示対応をしているサイトは多くある。

当然、旅程の相談もできないし、チケットの変更や払戻しをしたい場合でも、購入者自身で直接鉄道会社とやり取りをしなければならない。チケットのルールの告知も、あくまで現地語か、よくて英語記載となる。

最近では改善されてきたが、窓側、通路側といった座席位置や、寝台・簡易寝台（クシェット）の上段、中段、下段の位置指定ができるサイトは、まだまだ数少ない。

インターネットを通じて、ヨーロッパの鉄道チケットを購入できるようにはなってきたが、決して初心者向きではないので、利用する際は注意することを心掛けたい。

（S・H）

同じ列車でも運賃が違う！

例えば東京から博多まで、新幹線「のぞみ号」のチケットを購入しようと思った場合、運賃は1万3440円、特急料金で通常期8880円の総計2万2320円となる。この金額は、同じ区間を走る「のぞみ号」であれば乗車日はいつでも、またいつ申し込もうがほとんど変わらないだろう。JRの特急券の金額は通常期・繁忙期・閑散期で多少の差があるが、乗車券の額はいつも同じである。

しかし、フランスのTGVでパリ～ニース間のチケットを購入する場合は、状況が変わってくる。

例えば、11月10日に12月19日のパリ7時46分発～ニース着13時25分のTGV6171便のチケットをインターネットで購入する場合。

●2等普通運賃（PRO 2nde）　は１２２ユーロ
●2等割引運賃（Full fare Loisir）１１６・２ユーロ
さらに同じ列車でも、申し込むタイミングをもっと早くした場合や曜日によって、状況が変わってくる。

同じく11月10日に1月19日のパリ7時46分発～ニース着13時25分のＴＧＶ６１７１便のチケットをインターネットで購入する場合。
●2等普通運賃（PRO 2nde）　は１０２ユーロ
●2等割引運賃（Loisir reduced fare）は62ユーロ
●2等早割運賃（Prem's）は22ユーロ
さらに、このＴＧＶ６１７１便はＩＤ―ＴＧＶ２９０１便が併結される。併結されるので運行時間はまったく変わらないのだが、2等運賃は、24・9ユーロである。

このように、同じ列車でも普通運賃、割引運賃、早割運賃があり、最大で5倍以上の価格差が出てくる。また申し込むタイミングによっても出てくる割引運賃が異なってくるのだ。運賃によって座席のタイプが違うことはない。隣に座っているもの同士でも違った料金のチケットで乗車していることもあるのだ。

ヨーロッパの鉄道運賃は、航空券やホテルと同じように、需要の状況に応じて運賃を多種多様に設定していることが多い。

ほとんど固定した鉄道運賃に慣れている日本人にとっては、分かりづらいかもしれない。ただし、普通運賃と格安の早割運賃では、変更や払戻しの条件が異なる。普通運賃の場合は、列車の変更は可能で払戻しもできるが、早割運賃のチケットは変更や払戻しが一切できない。また、ＩＤ—ＴＧＶの場合は、インターネットのみでの販売となる。

時間帯や曜日、申込みのタイミングを上手く活用すれば、通常よりも大幅に安い運賃で鉄道が利用できるのも、現在のヨーロッパの鉄道の特徴だろう。（Ｓ・Ｈ）

乗越し精算という発想はないヨーロッパ

とりあえず行き先を決めないで、初乗り切符を片手に列車を利用して、下車駅で乗越し精算をするということは、日本では当たり前である。

しかし、ヨーロッパで同じようなことをすると、車掌もしくは駅員から罰金を科せられる可能性が非常に高い。

ヨーロッパでは、有人駅にしても無人駅にしても、乗越しの精算機なるものが存在していない。

車内でチケットを購入できないことを示す、スイスの「目玉マーク」（撮影：S・H）

これは普通の鉄道だけではなく、地下鉄にも同じことが言える。

なぜなら、ヨーロッパでは乗越し精算という発想がないからだ。

ヨーロッパでは日本の鉄道と違い、改札や改札機があるところが少ない。改札を経由せずにホームに入れる駅が多く、チケットのチェックは車内での車掌による検札によって行なわれている。それゆえにチケットがなくても列車に乗車でき、車掌に気付かれなければ、そのまま下車して駅を出ることができる。

大都市の地下鉄や近郊列車などでは、ホームに入る前に改札機があるものの、ホームを出る場合は改札がないところもある。たまに車内で、鉄道会社の職員によるチケットの抜打ちチェックがあるぐらいで、ゆるやかなルールになっている。それゆえに不正乗車をしやすい環境ともいえる。

このように、必ずしも改札があるわけではないという環境のヨーロッパでは、乗越し精算を行なうということが非常に難しいのだ。

スイスなど、国によっては車内で車掌からチケットを購入できる場合もあるが、原則的には正しいチケットを持っていなければならない。イタリアの場合は、チケットを持っていなかったり、たとえチケットを持っていても有効なものではなかった場合は、発覚した時点で最低50ユーロの罰金が科せられる。ロンドンの地下鉄の場合は、20ポンドの罰金が科せられる。

車内での精算が可能なスイスであっても、一部のローカル列車や近郊列車には「目玉のマーク」が付いている場合がある。これは車内でチケットが購入できないことを示しており、チケットを持っていなかったことが発覚した場合は80スイスフランの罰金が科せられる。

イギリスのロンドンやイングランド地方などでは、ＩＣタイプの「オイスターカード」の導入にともない、自動改札が導入されるようになってきているが、その他では乗越し精算が行なわれていない状況に変わりはない。

ヨーロッパの鉄道を利用する場合は、乗越し精算がないことを前提で目的地までのチケットを正しく持つことが大事なのである。

（Ｓ・Ｈ）

切符に刻印をしないと罰金！

まずは、スロバキアの首都ブラチスラバに夜行列車で到着して、駅前から路面電車に乗車した時、罰金を取られた苦い体験から始めよう。今から10年以上前の初夏の出来事である。

ブラチスラバの天気は快晴にもかかわらず、午前7時前に到着したので涼しいくらいであった。ブラチスラバ中央駅にある両替所が午前7時30分からしか営業しないので、それまで駅舎内や駅舎の外観、駅前広場を見てまわる。駅の中央ホールには、チェコやスロバキアでしか見かけない珍しい回転式の時刻表がある。この駅のものは、水平に置かれた回転式の筒に張られた時刻表を、手で回転させて自分の希望する列車を探すもので、なかなかおもしろい。見ていると時刻が午前7時30分になったので、両替をする。

このあとブラチスラバの中心部まで路面電車で行くことにした。駅前広場の脇にある一段低い路面電車乗り場に降り、自動券売機で7スロバキアコルナ（当時約25円）の切符を買って電車を待つ。3番の表示を付けた路面電車が来たので、午前8時5分に乗車。英語の上手な私服の男性検札係2人による車内検札がすぐに始まり、購入した切符を見せたところ、車内の穴開け器で切符を有効化していないと指摘された。

ブラスチラバ中央駅の回転式の時刻表（撮影：Ａ・Ｙ）

そして次の停留所で私は下車させられ、男性検札係から紙に印刷したルールを見せられた。初めてブラチスラバに来て、そのようなルールは知る由もないし、切符を有効化するための穴開け器も車内で目にしなかったと言って主張したが、男性検札係は全然受け入れてくれない。ここでもめても仕方がないので、渋々罰則に従うことにした。

その結果、車内で切符を有効化する穴開けをしなかったため、運賃7スロバキアコルナの100倍、つまり700スロバキアコルナ（約2500円）の罰金を払わされることになった。ブラチスラバ到着早々に、手厳しい洗礼を受けたものである。これは鉄道に関係する職にある者として誠にお恥ずかしい話であるが、「他山の石」として紹介した次第である。

日本では、鉄道に乗車する時、ほとんどの場合に自動改札機を利用する。改札のない路面電車では、乗車時に運転士に切符を渡したり、運賃を支払って乗車するのが普通である。

だが、ヨーロッパの一部の地下鉄や都市鉄道、路面電車では、改札口も車内検札もないところがまだまだ多い。このような場合、各人が乗車前にホームあるいは車内にある穴開け器や刻印器で切符に穴を開けたり印字をして、切符を有効化（validation）するのである。この乗車システムを「信用乗車」という。この切符の有効化を怠り、たまに実施される検札で見つかると、私の事例のように高額の罰金を取られるのである。

最近では、ヨーロッパでも地下鉄や都市鉄道に自動改札機が広まってきているので切符の有効化に注意する必要性は少なくなってきているが、路面電車に乗車する場合には、切符売り場の近くか停留所、あるいは車内の刻印器で必ず刻印をすることを忘れてはならない。

一方、幹線系の長距離列車の場合、乗車前の改札はなく、車内での検札がまだまだ主流である。ここで注意しなくてはならないのは、フランス国鉄（SNCF）のような場合である。

例えば、TGVに乗車する際には、ホームの手前に小さな黄色い機械があるので、ここで刻印（フランス語でà composter＝アコンポステと言う）をしなくてはならない。乗車券も指定券も両方に刻印する必要がある。これを怠ると、TGVでは必ず検札があるので、間違いなく罰金を支払う羽目になる。私のブラチスラバでの事例のように、「規則を知らなかった」という理由は一切通じないのでご注意を。

（A・Y）

時刻表に見る日本とヨーロッパの鉄道文化の違い

日本で、鉄道の時刻表というと、ことJR主体のものである限り、書店かキヨスクで買うものと相場が決まっている。私鉄がオリジナルに作成しているものは、その私鉄の売店で購入する。日本人の多くは、このことになんの違和感も疑問も抱いていないことだろう。

ところが、これがヨーロッパとなると状況は一変する。街なかの本屋に行っても、まず時刻表を見かけることはないし、駅の売店でも見当たらない。

では、時刻表そのものが存在しないのかというと、そんなことはない。ちゃんと発行されているのである。

さて、どうやって入手するか。

国によって事情は異なるが、鉄道案内所とか旅行センターとか、切符売場などで扱っていることが多いようで、まずこれらの窓口に問い合わせることになる。ところが、これが一筋縄ではいかない。やれ、あそこへ行け、いやあっちだとたらい回しにされてやっと入手できるか、最悪の場合は無駄足を踏まされることになる。

なぜ、こんなことになるかというと、まず分厚い冊子型の時刻表を求める人が少ないからではないだろうか。対するに、日本では時刻表というのは鉄道文化の一つといってもいいほどに国民の間に浸透しており、おまけに大型のそれは旅行の情報雑誌として認識されているようである。

JR各社では、主に毎年3月に時刻の改正が行なわれ、まれに東北新幹線新青森延伸など新線開通時に一部改定されるが、季節の臨時列車を除けば1年を通じてそう大きな変動はない。なにも月刊にする必要もないだろうにとも思えるが、大型の時刻表はそのつど、割引切符、イベント列車、土地土地の観光キャンペーン、ホテルや旅館案内、地域別の私鉄やバスのダイヤ、航空ダイヤなど、旅行に関する情報を盛りだくさんに掲載して付加価値を高めており、雑誌感覚で楽しめるよう編集されている。だから書店に並べられるのだろう。

ヨーロッパには月刊の時刻表はない。年に2回、時刻は改定されることが多く、一般には「夏ダイヤ」「冬ダイヤ」などと呼ばれているが、この改定の際に発行されるというのが通常である。おまけにこの時刻表、まさに機能本位で味気ないことこのうえもない。

このように、時刻表を入手できる場所、発行回数、鉄道にかかわる情報の有無など、その違いは歴然としているが、これもまた鉄道文化の違いの一つなのかもしれない。

ところで、ここからは長い余談になるが、最初に時刻表を月刊化したのは日本ではない。イギリスである。周知のようにイギリスは鉄道発祥国でもあるが、時刻表もまたイギリスで誕生した。マンチェスターで地図の製作をしていたジョージ・ブラッドショウという人が思い立って創刊した。1839年のことである。その名もずばり『ブラッドショウの時刻表』という、わずか6ページの小冊子だった。そして、これが好評を博したことから、その翌年、今度は『ブラッドショウの鉄道コンパニオン』と誌名を改めて月刊に踏み切ったのだった。

これに対して日本に月刊時刻表が登場するのは55年後の明治27年（1894）のことである。庚寅新誌社《こういんしんししゃ》という出版社を経営していた手塚猛昌《もうしょう》という人が『毎月発行　汽車汽船旅行案内』を発行したのがその嚆矢になった。実は手塚は福沢諭吉の慶応義塾の門下生で、諭吉から「英国にはブラッド、シャウという月刊の時刻表があるぞ」と教えられて発刊を思い立ったのだった。

以後、イギリスでも日本でも時刻表は形を変え、発行元を変えながら変遷するが、日本では鉄道文化の一つとして発展したのに対して、本家本元のブラッドショウは1961年（昭和36）に廃刊されてしまった。（H・R）

ターミナルによっては携帯用の時刻表を入手できることも

列車での旅行には時刻表が欠かせない。

ところがヨーロッパでは、前項のように分厚い時刻表を入手するには困難を極める。長距離や国境を越えて旅行する場合には、旅行者はまず駅に行き、鉄道案内所とか旅行センターに問い合わせることが多いようだ。ただ、大きな駅になればなるほど混雑するので、切符売場で直接相談する人も結構いる。だから、時間帯によってはここも混み合う。

時刻を調べるもう一つの方法としては、駅構内の数カ所に置かれた棚やワゴンに並べられた携帯用の小さな時刻表を手に入れるという方法がある。これらは、国によって形式が異なるが、例えば、ドイツの場合は、その駅と中間の主要駅と目的駅の発着時刻が列車別に記されており、目的駅がアルファベット順に配置されている。スイスのそれは、その駅から主な駅に向かう列車の発着時刻が1冊のなかに、やはりアルファベット順に記されている。これらの時刻表はすべて無料である。

ところで、この携帯用の時刻表、ヨーロッパのすべての国のターミナルに置かれているかというとそうでもないようだし、最近では大きなターミナルほど配置しなくなってきたようだから、

駅構内に置かれたワゴンに並ぶ、携帯用の小さな時刻表（撮影：H・R）

必ずしも入手できるというものでもなくなった。構内に設置されたコンピューターのタッチパネル式の画面などで、いとも簡単に検索できるようになったことが関係しているものと思われる。

ヨーロッパで列車の時刻を知る一番確実な方法は、日本版も発行されているトーマス・クックの『ヨーロッパ鉄道時刻表（EUROPEAN RAIL TIMETABLE）』を携行することだろう。嬉しいことに、距離がキロで表示されているから日本人の距離感覚にぴたりフィットする。

最後に、これは事前にというわけにいかないが、特急や国際列車などでは座席にその列車の時刻と距離などを克明に記載した時刻表が置かれていることがある。途中駅での停車時間までわかる時刻表である。

これを見ることで、その列車が定時に運行されているか、それとも遅れているかといったことが瞬時に判断で

Ab 8.27

110 km

Köln Hbf

Lounge

An 8.59 Ab 9.01

Gleis 1 · 22 km

Montabaur

9.04 **RB 22359** Limburg (Lahn) 9.46 — Gleis 5 b
9.14 **RB 22356** Siershahn 9.27 — Gleis 5 a

An 9.09 Ab 9.11

Gleis 1 · 56 km

Limburg Süd

9.19 **5400** – Sa, So – Limburg (Lahn) ,Bahnhof/Südseite 9.24

An 9.31 Ab 9.35

Gleis 8 · 10 km

Wiesbaden Hbf ↔

9.39 **Ⓢ 1** – Mo - Sa – Mainz-Kastel 9.46 Frankfurt-Höchst 10.08 Frankfurt Hbf (tief) 10.18 Offenbach (Main) Ost 10.37 — Gleis 3
9.43 **Ⓢ 9** – Mo - Sa – Mainz-Kastel 9.50 ✈ Frankfurt (M) Flughafen Regio 10.15 Frankfurt Hbf (tief) 10.28 Offenbach (Main) Ost 10.47 Hanau Hbf 10.58 — Gleis 2
9.49 **Ⓢ 8** Mainz Hbf 10.00 — Gleis 4
10.09 **Ⓢ 1** Mainz-Kastel 10.16 Frankfurt-Höchst 10.38 Frankfurt Hbf (tief) 10.48 Offenbach (Main) Ost 11.07 — Gleis 3

An 9.44 Ab 9.46

Gleis 4 a/b · 70 km

Mainz Hbf

9.49 **RB 15809** Groß Gerau 10.07 Darmstadt Hbf 10.21 – Mo - Sa – Dieburg 10.48 Babenhausen (Hess) 10.58 Aschaffenburg Hbf 11.12 — Gleis 5 a
9.52 **RB 29633** Oppenheim 10.13 Worms Hbf 10.36 Frankenthal Hbf 10.57 Ludwigshafen (Rh) Hbf 11.08 Mannheim Hbf 11.14 — Gleis 6 a
9.59 **RE 3304** – Mo - Fr, auch 25., 26. Okt – Bad Kreuznach 10.23 Bad Münster a Stein 10.29 Kirn 10.49 Idar-Oberstein 11.00 St Wendel 11.28 Neunkirchen (Saar) Hbf 11.39 Saarbrücken Hbf 11.55 — Gleis 3 a
10.02 **Ⓢ 8** ✈ Frankfurt (M) Flughafen Regio 10.30 Frankfurt Hbf (tief) 10.43 Offenbach (Main) Ost 11.02 – So – Hanau Hbf 11.13 — Gleis 4 a
10.03 **IC 351** ✈ Frankfurt (M) Flughafen Regio 10.25 Frankfurt (Main) Hbf 10.41 — Gleis 5 a/b
10.07 **RB 22778** – Sa, So, nicht 11., 12., 25., 26. Okt – Uhlerborn 10.18 — Gleis 11
10.10 **RE 22129** – Mo - Fr – ✈ Frankfurt (M) Flughafen Regio 10.35 Frankfurt (Main) Hbf 10.49 — Gleis 4 a
10.14 **RE 5855** Worms Hbf 10.39 Frankenthal Hbf 10.46 Ludwigshafen (Rh) Hbf 10.56 Schifferstadt 11.05 Speyer Hbf 11.12 Germersheim 11.21, weiter in Richtung Karlsruhe Hbf — Gleis 5 a
10.18 **RB 23408** Alzey 11.03 — Gleis 6 b
10.24 **RB 23310** – Mo - Fr, auch 25., 26. Okt – Gau Algesheim 10.43 Bad Kreuznach 11.01 Bad Münster a Stein 11.07 Kirn 11.42 Idar-Oberstein 12.12 Türkismühle 12.41 — Gleis 5 b

Hinweis: aufgrund von Bauarbeiten zwischen Mainz und Koblenz kommt es zu kurzfristigen Fahrplanänderungen. Achten Sie bitte wegen Ihrer Anschlusszüge auf die Lautsprecherdurchsagen am Bahnsteig.

特急や国際列車の座席に置かれたその列車の時刻
（部分提供：H・R）

きるので重宝する。おまけに、これは持ち帰り自由だから、その列車に乗った証にもなるし、旅のいい記念にもなる。途中から乗って、すでに先客が持ち去っていたような時は、別の座席から拝借するとよいだろう。

こういうサービスは、日本にはない。

（H・R）

「営業キロ」という概念が希薄なヨーロッパ

昭和時代から列車旅行に親しんできた者にとって、時刻表に営業キロはつきものという意識がある。キロ数がわからなければ運賃が計算できないし、「途中下車は片道100キロ以上」「往復割引きは片道601キロ以上」といった、キロ数が条件となるルールも多いからだ。

ところが、ヨーロッパでは一般向けの距離情報をあまり見かけない。ある鉄道会社のA駅からB駅までの距離を調べようと思って公式サイトのなかで探しても、見つからないことが多い。

日本の鉄道の切符は、距離に比例する運賃と、特急料金、指定席などのプレミアム料金の2階建てとなっている。乗車券、特急券という言葉が示すように、切符自体も分かれる。つまり、距離に応じて鉄道を利用する権利を買った上で、特別なサービスを受ける権利に追加料金を払うというシステムだ。

これに対して、ヨーロッパでは、あくまでA地点からB地点への移動を、どのようなサービス水準で行なうかに対して料金を払う。乗車券と急行券の区別もない。言い換えれば、飛行機や長距離バスの感覚に近く、割引料金などもそれに近い形で設定されている。

逆に、日本のフリーきっぷや周遊きっぷのような、地域を限定するが列車の選択は自由、といったタイプの割引きは一般的ではない。全体として距離と料金が比例するのは当然だが、あくまで特定の列車やサービスに対して料金を支払うのが基本ということになり、利用者がキロ数まで意識する必要はないし、またそれにあまり意味がないのだ。

例えば、ロンドンからエディンバラへ列車で向かう場合、何通りもの経路が考えられる。鉄道会社や列車の種別が変われば料金も違うのはあたりまえだが、では逆に、料金が同じであれば経路は同じかというと、そうとは限らない。経由する駅によって別の路線を利用するし、工事など、その日の運行状態で使用する路線が変わることさえある。当然、走行距離は変わってくるが、それは直接料金には反映しない。

もちろん、これは都市間長距離移動ではそういう傾向があるという話で、国による違いもあるし、地下鉄や近郊列車ではちょっと事情が違う。しかし、パリのメトロは全線均一料金、ロンドンではゾーン制といった具合に、別の意味で利用者にとって距離と運賃の関係が希薄である。

なぜこのような違いがあるかという理由は複数考えられるが、ヨーロッパでは長距離の乗合馬車が徐々に鉄道に置き換えられていったという歴史もその一つだろう。現代の乗合馬車である長距離バスに特急券はないし、また利用者がキロ数を意識することはない。もちろん、諸般の事情で走行経路が変わっても、到着時刻やサービスが変わらなければ文句を言う乗客はいないだろう。

トーマスクック『ヨーロッパ鉄道時刻表』には、ちゃんと日本の時刻表のように駅間距離が載っているが、運賃計算はできない。割引切符を上手く使えば「目的地より先の駅まで買って途中下車したほうが結果的に安い」というケースはあり得るが、日本のようにそれを時刻表で見つけ出す楽しみはないわけだ。

（T・H）

第5章

車両・技術編

車両間は行き来ができない？　都市鉄道の不思議

日本では、特殊な場合を除いて車両間の通り抜けができるのは、至極あたりまえとなっている。特に都心部の地下で運行される列車は、火災時の避難経路を確保するため、「普通鉄道構造規則」などの厳しい法律が定められ、万が一の際にも列車前後の非常口から脱出できるようになっていなければならない。普段、何気なく乗車している通勤電車にも、実は多くの厳しい基準が設けられ、安全が確保されているのだ。

普通に考えれば、別に日本でなくてもこれは常識じゃない？　と思うことだが、どっこいヨーロッパは違ったりする。

例えば、長い歴史を誇ることで有名なロンドン地下鉄に乗ってみると、確かに車両の連結面に扉はあるが幌はなく、すぐ下に線路が見え、乗客が通るには非常に危険だ。その扉には非常用出入口と表示され、万が一の場合はここを通行して避難せよ、と書いてある。しかし同時にその横には、「もし非常時以外でこの扉を開ければ、○○ポンドの罰金に処す」とも書いてある。そう、ノブを捻れば扉は開くだろうが、その途端に非常ベルが鳴り、列車は緊急停止。すぐに大騒動になることは必至で、もちろん、あとには警察での厳しいお説教と、高額な罰金が待ち構えている

420型電車。連結面には5人掛けの椅子が横一列に並んでいて、扉も窓もない構造の車両（撮影：H・T）

であろう。つまり、もともと非常時以外に隣の車両へ乗り移るという習慣がないのだ。

イタリア・ミラノの地下鉄の車両では、ドアノブ自体がなく、車掌の持っている鍵でしか連結面の扉が開けられない構造になっているものも存在する。

このように、連結面には非常扉しかないというスタイルの車両が、ヨーロッパでは最も多く見かけるタイプだが、なかにはもはや貫通扉すらない、完全な「壁」になっている車両もある。それがドイツ各地で長年、通勤輸送を担ってきた420型電車だ。ほんの数年前まで、ドイツへ行けば、空港から市内へ向かう電車がこれだったので、お世話になった人も多いと思う。

この420型電車の連結面は、5人掛けの椅子が横一列に並んでおり、扉どころか窓すらない。まさ

●420型電車　車内見取り図

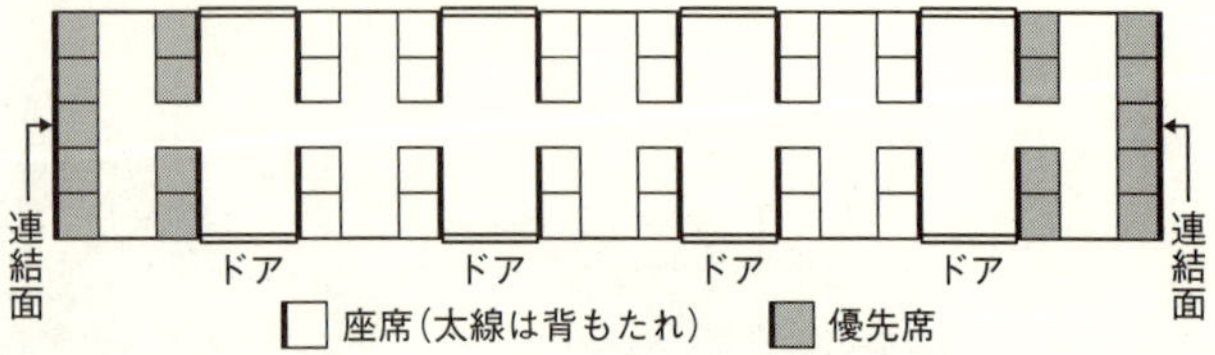

に「壁」となっている。同じような構造は、ベルリンのSバーン（都市圏電車）でも見られるが、こちらは一応窓が付いている。たいていの場合、この壁際の席は優先席に指定されていることが多く、老人や小さい子供連れが座っている場合が多い。

　こうした構造には、メリットもデメリットもある。

　例えば、ヨーロッパではどこでも見かける「セルフ演奏者」たち。日銭を稼ぐために、電車内を一日中うろついては、頼んでもいないのに大音響でヴァイオリンやアコーディオンを演奏し、チップをいただこうという方々だ。奏者たちは、皆演奏が終わると素早くチップを受け取るや、次の駅で降りて隣の車両へ移り、また演奏を始める。上手ければともかく、下手で喧《やかま》しくても乗客に逃げ場はないが、行ってしまえば他の車両からの音漏れはないので、車内はすぐに平和へ戻る。

　怖いのは、運悪く強盗に遭った時だ。車内に他の乗客がおらず、犯人と2人きり（複数犯だと取り囲まれる）の状態では、とにかく次の停車駅まで逃げ場もなく、犯人の言いなりになるしかない。私自身は、今のところそうい

420型電車を改良した423型電車。車内には防犯カメラも設置されている（撮影：H・T）

う危険な日に遭遇したことはないが、とりわけ深夜の電車内で乗客が一人だけというような状況は、可能な限り避けるように心掛けている。

車内での迷惑行為はもとより、危険な犯罪が多発するとなれば、鉄道会社も対策を考えなければならない。前述のドイツでは現在、420型の後継車種となる423型や、その改良型である422型を増備しており、420型は製造年の古い車両から順に淘汰されている。ただし、420型は1997年まで製造されたため、比較的新しい車両は更新工事を行ない、車内設備を423型と同程度に改良しており、その際には車内に防犯カメラを設置し、犯罪の抑止に努めている。

また最近では、車体を貫通構造（扉もなく、完全な貫通状態のこと）とする傾向がヨーロッパ全体に拡がっており、新車では当然のこと、旧型車は廃車にするか、隣の車両と自由に行き来できるように貫通構造へ改造する傾向にある。

これも時代の流れだが、この独特の連結面はヨーロッパの文化の一つと言えなくもない。安全で快適な車内を望む反面、それがなくなっていくのは寂しくもあり、複雑な気持ちだ。(H・T)

地下鉄には小型の車両が多い

●ロンドンとパリには2種類の地下鉄

ヨーロッパを代表する大都会、ロンドンとパリには、それぞれ網の目のような地下鉄路線網がある。このうち、ロンドンの地下鉄は円形断面の「チューブ」、パリの地下鉄は「メトロ」というのが一般的なイメージだが、実はロンドン、パリとも2種類の地下鉄路線がある。

ロンドンには、チューブ型の小型車の路線のほかに大型車の路線があり、この2つが路線網を分けあっている。また、パリには、一般にメトロと呼ばれる小型車の路線と、大型のシステムである「RER(エール・ウー・エール)」の路線網がある。ちなみに、メトロとはパリの地下鉄全体を指す言葉だが、小型車のシステムだけを指すことが多い。なぜ、このように小型・大型の区別があるのだろうか。

都会の地下をトンネルで貫く地下鉄は、地上を走る鉄道よりも工費にたくさんのお金がかかる。その工費を少しでも節約するため、地下鉄の設計に際してはトンネル断面を小さくすることが検討される。ヨーロッパには、このことを重視してつくられた地下鉄が非常に多い。ロンドンの小型路線とパリのメトロは、その典型的な例である。

これに対し、日本の地下鉄には、地上の鉄道と同じ大きさの車両が走る路線が多い。日本にも小断面トンネルの地下鉄はあるが、そのような場合でも、車両寸法はヨーロッパの小型地下鉄ほど小さくはない（東京の地下鉄では、銀座線・丸ノ内線・大江戸線がこれにあたる）。

パリの地下鉄に2種類の規格があるのは、長いことメトロだけでやってきた路線が非常に混むようになり、その対策として大型のRERを導入したからである。

その際、郊外の鉄道と直通運転も行なうことになり、車両の寸法はこの計画に基づいて決められた。RERの計画には、東京の地下鉄・私鉄の相互乗入れのシステムが非常に参考になったという。日本の地下鉄に大型の規格が多いのは、東京にならって、戦後の経済成長期につくられた路線が多いからといえる。国の違いというより、時代の違いの現われである。

一方のロンドンは、地下鉄発祥の地であるが、初期の地下鉄は、みな大断面トンネルと大型車体のシステムであった。しかし、地表を掘り返して線路を敷くことが次第に難しくなり、地中深くを掘り進む工法に切り替えたのである。つまり、小型の地下鉄のほうがあとからできたのだった。このことは、地下鉄は地上の鉄道とは繋がらなくてもよい、都市ごとに独自の方式があってもよいと主張しているようでもある。

●ほかの都市の地下鉄も全体にコンパクト

ヨーロッパで地下鉄が発達している都市といえば、ほかにはベルリンとマドリードが挙げられる。これらの都市の地下鉄も小断面のトンネルを採用しており、郊外鉄道との直通運転は想定されていない。

フランクフルトの地下鉄も変わっている。都心を走る地下鉄は架線集電であり、駅のホームもそこそこ長いが、発着する電車の風貌は、地下鉄というより路面電車に近い。そうかと思えば、ベルギーの首都ブリュッセルでは、純然たる路面電車が一部の区間だけ地下に潜ったりしている。

このように、ヨーロッパの都市鉄道は、とにかく地域の独自性が強い。小型の地下鉄が多いのは、「簡便な方法でもよいからつくりたい」「小さいトンネルならこの町にもつくれる」という思いを表しているようだ。

●地下鉄車両は設備も質素

ヨーロッパの都市鉄道は見ていて楽しいが、地下鉄の車両は、外観の洒落《しゃれ》っ気に比べると車内

パリのメトロ。5号線オステルリッツ駅付近（撮影：S・M）

は質素な感じで、時にがっかりすることがある。

先に紹介したパリのRERは、一部の路線に2階建てのクロスシート車両が走っているが、このクロスシート、背もたれの低い駅のベンチのようなプラスチックの成型品である。他の都市の地下鉄でも、車両の内装はステンレス無塗装の地肌がむき出しだったりして、車内を飾ろうという意識はあまり感じられないことがある。

都市間鉄道と都市鉄道がシステムの上できっぱり分かれていることから、乗車時間の短い都市鉄道はあまり立派にする必要なし……と割り切っているのかもしれない。

（S・M）

最高速度時速200キロ！　客車列車の魅力

ヨーロッパの鉄道の魅力、醍醐味を尋ねられて、いったい何を最初に挙げるか……、同じ趣味を持つ友人達と議論することがあるが、多くの人たちが真っ先に挙げるのが、個性溢れる高性能な機関車が牽引する客車列車である。

では具体的に、この客車列車の何が魅力的かというと、電車と違ってモーターの音も聞こえない静寂性、よく整備された線路上を滑るように走る走行性能、そして何といっても強力な機関車による高速運転……とりわけ一部の国で行なわれている、機関車牽引による時速200キロ運転に対する魅力だ。

日本では、現在のところ機関車牽引による客車列車の営業最高速度は時速110キロで、おそらく将来的に見ても、これ以上のスピードアップは見込めないであろう。電車中心で発展してきた日本国内の鉄道において、客車列車の未来はほぼ、閉ざされていると言っても過言ではなく、これ以上スピードアップする理由も見当たらない。

一方でヨーロッパは、昨今の高速列車の台頭に、いささか脇役へ転じた感も否めないが、客車列車がいまでも鉄道輸送の中心的存在であることに変わりはない。戦後、敗戦国であった日本が国の威信をかけて造り上げた新幹線は、鉄道技術において先進国だと確信していたヨーロッパ諸国に少なからずショックを与え、その後の鉄道高速化に大きな影響を与えたことは有名だ。

1967年には、早くもフランスで時速200キロ運転が開始されたが、それは新幹線のような高速列車専用線（高速新線）を専用車両が走るものではなく、機関車が客車を牽引して在来線を走るというものであった。高速新線の建設には、長い時間と莫大な資金が必要なため、ヨーロッパ各国ではまず在来線を改良してスピードアップを図るところから着手した。

ヨーロッパ最初の高速新線は、1977年にイタリアのローマ〜フィレンツェ間で部分開業した「ディレッティシマ」であった。ディレッティシマとはイタリア語で一直線を意味する単語で、高速運転できる路線の代名詞でもある。このディレッティシマの部分開業により、両都市間の所要時間は大幅に短縮されたが、専用の特急車両が使われたわけではなく、時速200キロ運行が可能なE444型電気機関車とグランコンフォルト型客車によって編成された客車列車であった。

その後、1981年になるとフランスでTGVが開通。先のディレッティシマとは異なり、最初からTGVだけが運行するために設計された高速列車専用線により、最高速度は当時の新幹線を凌駕する時速260キロに達した。時代は客車列車から高速列車へと確実に移りつつあったが、一方で在来線では線路改良によるスピードアップも積極的に行なわれていた。

現在、客車列車による時速200キロ運転は、ユーロシティやインターシティといった、高速列車を補完する特急列車を中心に行なわれている。またドイツやフランスでは、一部のローカル列車（レギオナルエクスプレス＝REと称する、快速相当の列車など）で時速200キロ運行を行なっている。日本でいえば、特急列車に匹敵する速さを誇る、新快速のような列車だろうが、時速200キロで走る快速などは、最初、想像もできなかった。

客車列車で時速200キロ運行するためには、クリアしなければならない多くの問題がある。運行する路線の線路や信号装置といったインフラの改良はもちろんだが、機関車と客車にも、時速200キロで余裕を持って走行できる性能が求められる。

特に客車は、高速走行時の安定した走行性能を保つため、時速200キロ走行に対応した車両には、とりわけ足回りの強化が図られているのだが、中でも蛇行動（速度が上がるにつれて発生する細かい横方向の振動）を防止するためのヨーダンパーは、時速200キロ対応客車には必携の装備と言えるのではないだろうか。

また、高速走行時における黄害を防ぐために汚物処理装置を搭載したり、あるいはトンネル進入時の気圧変動による耳の不快感緩和のため、車体を気密構造にしている車両もあるが、これらはすべてに当てはまるわけではない。

かつてドイツ鉄道では、時速200キロ運転の列車をすべて新車で賄うことができなかったため、1950年代から活躍する、当時の標準的な客車であったUIC—X型客車の足回りだけを改良して、時速200キロ対応にしていた時期があった。この客車、足回りは改良を施してあるので、安全に時速200キロ走行できるのだが、車体はほとんどが元の状態のまま、つまり、客室の窓が開くのだ！

ドイツのUIC―X型客車にはエアコンがないので、窓が開くのは当然と言えば当然なのだが、時速200キロで走る列車の窓を開けたらどんなことになるか。

そこで学生時代、「若気の至り」で、実際に時速200キロで走る列車の窓を開けてみた（もちろん、コンパートメントが空いていて、他に客が誰もいなかったことは言うまでもない。窓を開けることにより、他の客とトラブルになる可能性があることは、一応念頭にあったことは弁解しておこう）。

すると、もちろん車内には猛然とした勢いで外気が流れ込み、髪の毛はメチャクチャ、書類は吹っ飛ぶ、といった大惨事。ましてや、わずかでも窓から顔を出そうものなら、たちどころに弛んだ頬の肉は後ろへ引っ張られ、正月の福笑い状態の顔になることだろう。実際、これは大変危険なので、間違っても真似はしないでいただきたい。

時速200キロで走行する客車の乗り心地にも感動するが、高速で通過する客車列車を外から眺めるのもまた、筆舌に尽くしがたい感動がある。時速300キロで通過する新幹線を見ている日本の鉄道ファンからすれば、たかだか時速200キロ程度で……と思うかもしれない。だが、猛然と唸りを上げて、轟音と共に引っ張る機関車と、それに続いてヒュヒュヒュ……という風切り音を残して走り去る客車の走行シーンは、いつ見ても鳥肌の立つ思いだ。新世代の高速列車にはない荒々しい迫力も、客車列車の魅力の一つといえよう。

ヨーロッパの鉄道も、長距離間の移動は今後ますます高速列車への依存が高まり、それと同時に豪快な走りの客車特急や、古き良き長距離列車は徐々に数を減らすことが予想される。日本からほとんど姿を消した客車列車だが、まだまだ元気なヨーロッパへ乗りに行かれるならいまのうちだ。（H・T）

客車が先頭？ 押したり牽いたり「プッシュプル運転」

夕方の上野駅、やや薄暗い地平ホーム。手に多くの土産物を持った客が待つそのホームに、やがて濃い青色に身を纏ったブルートレインが、客車を先頭にそろりそろりと入線してきた。扉が開き、一斉に乗客が乗り込む。ここから遥か先にある、北の大地への旅の幕開けである。

日本の客車列車の数もだいぶん減ったが、これは現在でも毎日繰り返される光景だ。上野駅の地平ホームには、構造上の問題で機関車を前後に付け替えるための「機回し線」がないため、車両整備を担当する尾久車両センターから上野駅へは、回送したらそのまますぐに折り返して発車できるように、あらかじめ客車を先頭にして回送される。

これは「推進運転」あるいは「推進回送」と呼ばれ、日本では現在、特別な観光列車を除いてここでしか見ることができない特殊な運転方法として知られている。機関車を運転する運転士とは別に、客車から前方を監視する推進運転士も乗務し、無線で連絡を取りながら、安全上の理由で時速45キロ以下に制限された、ゆっくりとした速度で回送されてくる。

日本人にとっては、特殊な運転方式がヨーロッパでは日常的に……、それも回送ではなく通常の営業運転で行なわれているのだ。客車列車が多いヨーロッパでは、当然の如く機関車の前後付替えが日本以上に多く発生し、終着駅での折返しに必要な停車時間もその分増えることから、運行できる本数が限界に達し、そのため機関車の付替えが不要な推進運転、いわゆるプッシュプル運転が普及していった。

プッシュプル運転の歴史は古く、1900年代初頭のイギリスでは、すでにこのような運転方式が行なわれていた。当初はもちろん蒸気機関車による運転だったのだが、電気機関車のように電気を制御するのとは異なり、客車に取り付けられた運転台から長い棒を介して、機械的にボイラー出力の遠隔操作を行なっていたので、連結できる両数はせいぜい1〜2両程度だった。

本格的に普及し始めたのは、電気やディーゼルを動力に使うようになってからで、1950〜60年代には多くの国で採用されていった。ただし、その多くは都市近郊で活躍するローカル列車で、都市間を結ぶ長距離優等列車は途中駅での分割・併合が多く、プッシュプル運転には不向きだったので、採用されることはなかった。

しかし、1990年代になると、列車運行の環境も変わってきた。これまで、多くの優等列車は途中駅での分割・併合や増結・切離しを頻繁に行なってきたのだが、徐々に合理化が進んできて、始発から終点まで同じ編成で運行される列車が増えてきたのだ。こうなると、わざわざ機関車の付替えをする理由もなくなり、インターシティなどの優等列車にもプッシュプル運転をする列車が登場した。

インターシティは先に紹介したとおり、最高速度時速200キロで運行されており、にわかには信じ難いが、もちろん「プッシュ」運転の時も時速200キロで運転されているのだ。

さらに言えば、ヨーロッパの高速列車はTGVやICEを筆頭に、編成両端に機関車を配置した「両端動力車方式」を採用している例が多い。いわば機関車2両が客車をサンドイッチにした状態で運転しているのと同じなのだが、ICEの第2世代に当たるICE2は片側が機関車、反対側は運転(注)台付き制御客車となっており、それで時速280キロ運転を行なっているのだから驚きだ（ただし機関車が先頭の場合のみ）。

先頭が重い機関車ならスピードを出しても安心できるが、軽量な客車ではちょっと風が吹いたら吹き飛ばされるのでは……と、何とも不安な気持ちになる。実際、制御客車が先頭になって運転する場合は最高速度が時速250キロに制限されるそうで、後に登場したICE3では、こういった制約をなくすためもあって電車タイプの「動力分散方式」が採用された。

プッシュプル運転とは、なにも客車が先頭である必要はない。前述のとおり両端動力車方式で固定編成の高速列車も、広義のプッシュプル運転を行なっていると言える。また、そういった特別な編成とは異なり、本当に2両の機関車が客車を挟んで運転していることもあり、制御客車が不足している場合にこうした運転が見られる。

さて、プッシュプル運転をするためには制御装置が必要だが、これらは当然、国や地域で異なるシステムを使用しており、互換性はない。国際列車で普及しない理由は、国境を越えるときに電源方式や信号システムの都合で機関車の付替えをするからで、双方のシステムに対応してなければプッシュプル運転はできない。制御客車が連結されているのに、機関車が牽引している列車を見るのはそのせいである。

国家統一がもたらした問題もあった。1990年、東西ドイツが再統一され、国民は喜びに沸

運転台付き制御客車を先頭にした列車。前から３両目が機関車（撮影：Ｈ・Ｔ）

き上がったが、その裏で深刻な雇用問題や経済格差などがドイツ社会に暗い影を落とした。鉄道にもさまざまな課題が持ち上がり、老朽化した旧東ドイツ側のインフラ整備や車両更新・新製などに加え、こうした制御装置もそれぞれが制御できるものを用意しなければならなかった。

ところで、なぜ日本と異なりヨーロッパでこのプッシュプル運転が普及したのか。

理由の一つとして、連結器の構造の違いが挙げられる。日本の古い客車で採用されていた、人間が握手するような形の「自動連結器」ではわずかな隙間が生じることから、とくに発車・停車時の前後ショックが大きくなり、また細い棒で支えられた一点に力が集中するので、強度の面でヨーロッパ流のプッシュプル運転には、あまり向いていない。

一方、ヨーロッパはバッファーという緩衝器が連結面に2個取り付けられており、これが前後のショックを吸収するので乗り心地もよく、また力が2点に分散したうえ、衝撃を和らげるので車体が壊れることはまずない。

最後に、多くの鉄道ファンは客車列車と言うと、やはり機関車が牽引するものという認識がある。重厚な機関車が轟音と共に客車を引っ張るシーンに、多くの鉄道ファンが魅了されているわけだが、これが客車が先頭だと何とも冴えない。事前に光線状態や日の出・日の入り時刻、機関車の向きまで入念な下調べをした撮影地で、長時間列車を待ち続けてようやくやってきたのが客車を先頭としたプッシュ運転だったりすると、なんともやりきれなく、損をした気分になる……とは海外で多くの鉄道写真を撮影する、鉄道ファン仲間の弁。

（H・T）

（注）▼**運転台付き制御客車**……列車を運転するための装置（運転台）を備えた客車。この車両自体に動力は付いてないため、単体で動かすことはできず、別に動力車（機関車等）が必要となる。いわば、動力車を遠隔操作する装置を備えた車両。遠隔操作するための指令情報は、主に客車に備えられた放送用ケーブルや、車両制御用に設けられた専用ケーブルを介して機関車に伝達される。

外側に向かって開く客車のドア

鉄道車両のドアは、今日の日本では、優等列車や都会を走る車両のほとんどが自動になっている。また、いわゆる半自動というものがローカル線を中心に普及しているが、ボタン操作によって開閉する。開けたままであっても、発車前に乗務員の操作でドアが閉められる。いずれもドアが横に開閉するものが多い。一部の車両では、折りたたむように開閉するものがあるが、手前に折りたたまれるので、接触しないよう注意書きがあったり、ステップに降りるのは禁止だったりと工夫が凝らされている。これはバスでも同じである。

古くは、旧型客車のように完全な手動ドアもあったが、手前に引いて開け閉めするのが原則だった。いずれも外へ向かって開けば転落する恐れがあったり、ドアが飛び出ることによって他のものと接触する危険があるから、当然と言えば当然である。

ところが、こうした常識が通用しないのがヨーロッパの鉄道車両なのだ。手動が相変わらず多い客車も、必ずと言っていいほどドアは外へ向かって開くのだ。乗る場合は、ステップをよじ登る上にドアを手前に引かなければならないから、開けにくいことこのうえない。車内から降りる場合も、外へ向かって押すわけだから、完全に停車する前に開いてしまえば転落事故につながりかねない。それなのに、昔からこのスタイルを頑《かたく》なに守っているのは何故なのだろうか。

かなり前のことだが、ヨーロッパを旅行中の日本人が夜行列車から誤って転落した事故があった。客車の構造上、ドアの脇にトイレのドアもある。2つのドアが90度で相対している関係にあり、寝ぼけていれば、その2つを取り違えてしまうこともありえないことではない。亡くなった方には気の毒だが、ヨーロッパの鉄道会社は、一向に改善するつもりはなさそうだから、自分で気をつけるしか方法がないようだ。

また、いつだったか、チェコのある駅で普通列車を待っていたら、急行列車の通過に遭遇した。見ていたら、何両目かの客車のドアが開いたままになっていて、目の前を通り過ぎていったのには驚いた。かなり下がって待っていたからよかったものの、線路に近づきすぎていたら、ドアにぶつかるところだった。用心用心である。

最近では、自動ドアの高速列車が増えてきたので、こうした事故はかなり減っていると思われる。ところが、その自動ドアをよく見ると、プラグドアという、日本の鉄道車両ではあまりお目にかからない構造のものが使われている。自動でドアが開くと、僅かだがドアが浮き出るような形で外へ向かって移動するのだ。そして、そのまま左右にずれて開くという構造で、ポリシーとしては、外へ向かって開くことに固執しているようにも思われる。何とも不思議なヨーロッパの

鉄道車両のドアである。（N・T）

窓は上に上げるのか、下に下げるのか

列車の窓は上に上げるか、下に下げるか。今の日本では両方のスタイルがある。かつては、下から上に上げるものが主流であり、下降式の窓はヨーロッパスタイルで垢抜けたタイプの車両だと思われた時代もあった。一世を風靡《ふうび》した10系寝台車がその例だった。この寝台車の寝台側の窓は上昇式、通路側の窓は下降式になっていた。

古くから普及していた上昇式の窓の車両。これだと、窓を上に上げれば、座ったままでホームにいる売り子から駅弁やお茶を買うことができて便利だった。下降式の窓だったら、駅弁を買うときに立ち上がらなければならない上に、背が高くないと不便であろう。これが主たる理由ではないにせよ、上昇式は日本の鉄道旅行では重宝していたように思う。

一方、ヨーロッパでは下降式の窓が一般的である。駅弁を頻繁に買う習慣がないから、不便ではないというのは私が勝手に思うだけであるが、上背のあるヨーロッパの人たちにしてみれば、立って窓を下に下ろすほうが姿勢としても無理がなさそうだ。上昇式で窓から身を乗り出すと、上背のある人だったら、上半身のかなりの部分が外へ出てしまい危険でもあろう。また、何かの

ヨーロッパでは下降式の窓が一般的（撮影：Ｈ・Ｔ）

拍子に窓が下へ落ちてきて挟まれてしまう恐れがないとも言えない。こんな風に、ヨーロッパで上昇式の窓を見かけない理由を考えてみた。

もう一つ考えられることは、コンパートメント式の車両が多かったからではないだろうか。コンパートメント式であれば、片側は寝台車のように通路となる。そうすれば、通路に座るわけにはいかず、窓から外を眺めるときには立ったままの姿勢である。窓が開けられるものなら、下降式の方が、便利だともいえる。

駅での別れのときに、キスをしたり熱く抱擁を交わすカップルの多いヨーロッパであれば、上昇式の窓の下で抱き合ったままでは、列車の進行の妨げになるだろう。発車しようにも発車できない状況が続くことは容易に想像できる。だから強制的に離れさせるには、もともと抱き合える状態にはない下降式の方がすぐれているのだ、などとは誰も言わないが、案外、下降式の一因かもしれない。

下降式の流れを汲む客車として、窓の上のごく一部だけがわずかに開閉するタイプのものがある。比較的新型の客車であるが、風が少し入るだけで、エアコンが効いていないと暑苦しいことこの上ない。窓から入る風を嫌う人が多いヨーロッパにあっては、意外に好まれているのか、インターシティなどに乗り合わせると遭遇する確率が高い。

しかし、新幹線タイプの高速列車の時代になると、そもそも窓が開閉しない車両が一般的になってきた。エアコンが効き、窓は黙って外を見るだけで、開けようなどとは初めから思わない旅。窓が上下どちらに開くかなどということは、もはや過去の話になってしまったようである。


（N・T）

まだ垂れ流し？　欧州列車トイレ事情

ちょっと汚い話で、どうかご勘弁いただきたいが、我々の生活の中で切っても切れないのがトイレ……。乗車中、急にもよおしてトイレのお世話になった方も多かろう。

国土の狭い日本では、線路脇近くまで多くの家が立ち並ぶことから、沿線への黄害を防止するため、早くから列車内のトイレに汚物処理装置の設置を進め、ローカル列車といえども、トイレの排水を垂れ流しする列車はほとんどなくなった。

　ではヨーロッパはどうかというと、近年は汚物処理装置がかなり普及してきたという印象であるが、日本を基準として考えれば、まだまだ普及しているとは言いがたい状況だ。ヨーロッパでこの処理装置が普及し始めたのは、高速列車が走り始めた１９８０～９０年代からと比較的遅く、それまではどんどん垂れ流していた。一世を風靡した、かつての豪華特急ＴＥＥも、便器の中を覗けば下に線路が見えたものだ。さすがに、時速２００キロ以上で走行する高速列車では、トンネルなどの気圧の変化で便器から汚物が噴出しかねないので、ようやく処理装置が普及し始めた。

　ちなみに処理装置といってもいろいろあるが、ヨーロッパで広く普及しているのは、日本のような汚水を消毒液で処理し、循環して使用する「汚物循環処理式」ではなく、飛行機のトイレのように気圧の変化で一気に汚物を吸い込み、タンクに溜めていく、いわゆる「バキューム（真空）式」だ。このタイプは臭気を封じ込めることができるので、日本でも一部の特急列車に採用されているが、汚物タンクの容量に限度があるため、一定量を超えると車両基地で抜き取らなければ使用できなくなってしまうのが難点だ。

　現代において、特急用車両から近郊用車両まで、比較的処理装置が整備されているのがドイツだ。ドイツではＩＣＥが走り始めた１９９０年代あたりから、新車を中心に処理装置の設置が行なわれるようになり、その後ほとんどの優等列車用の車両に設置が進められた。現在ではかなりの車両に処理装置の設置が認められるが、旧型の近郊用車両には処理装置の設置は行なわれていない。これらの車両は早晩廃車となるであろうことから、その際に新車との入替えによる設置を目論んでいるのだろう。

そういえば、ＩＣＥが営業開始したばかりの１９９１年６月、見物客が大挙して乗車し、想定を超える人数がトイレを使用したことから、前述したようにタンクが溢れて大問題になったことがあった。せっかく走り始めた超特急ＩＣＥに問題発生、と当時の新聞で大きく報じられたことが強く印象に残っている。もっともＩＣＥの名誉のために弁明すれば、見物客も落ち着いた頃には、もちろんこうしたトラブルは解消され、現在ではこのような事態は起きていない。

スイスやオーストリアも、処理装置の設置が進んでいる国々だ。スイスなど、１９９０年代中頃までは皆無に等しい状況であったが、近年は列車の高速化とともに、アルプスを貫く長大な山岳縦貫トンネルが増えてきたことから、急速に設置が進められた。オーストリアは、ヨーロッパの中でもとくにトイレが清潔できれいという印象があり、車体の更新も含めよく整備されている。

しかし、両国ともやはり近郊用列車には処理装置の普及が遅れており、とくに旧型車両は現在でも垂れ流しの車両を多く見かける。

西側諸国の中でも、際立って処理装置の設置が進んでいないのがイタリアだ。この国は高速列車や一部の新車以外、設置する気はないのではないかというほど、いまでも垂れ流し放題だ。駅のホームから線路を見ると、トイレットペーパーやら何やら、いろいろなものが線路脇に落ちており、ここを歩く気には到底なれない。ホーム周辺の線路には消毒液が散布され、常に雪が降ったかのように真っ白であるのが印象的だ。

インターシティなどは、場所によっては時速200キロ以上の高速ですっ飛ばしているので、あまり線路脇に近付かないほうが身のためである。

フランスも、TGV以外の列車には処理装置はあまり普及していないという印象を持つが、それ以前にフランスの車両、とりわけTGVのトイレは、どの車両も何故か際立って臭く、デッキ付近の座席に座っていると、デッキの扉が開くたびに臭いが漂ってきてたまらなかった。たまたま私がいつも「ハズレ」を引いているだけなのかもしれないが、掃除をしてないんじゃないかと疑いたくなる臭さだ。

そして2008年、この臭いトイレで悲劇が起こった。

ボルドーへ向けて走行中のTGVのトイレ内で、誤って携帯電話を便器に落とした男性が携帯を拾おうとしたところ、真空式の便器に腕を吸い込まれて抜けなくなり、トイレの便器を解体して救出されたのだ！　男性が救急車に乗せられたとき、まだ腕が便器に挟まった状態だったというから、どれだけ凄い吸引力なのか、身の毛もよだつ事件である。

中欧・東欧地域の列車も、基本的には「垂れ流し天国」状態であるが、国際列車として西側諸国へ乗り入れる優等車両は、早くから処理装置を設置している国・車両が多く、この点などイタリアよりはるかに優秀である。

となると、ここ数年イタリアの客車が国際運用から締め出されたのは、もしかしてこれが原因ではないだろうか？？　思わず疑いたくなってしまう。たかがトイレ、されどトイレ、である。

（H・T）

TGVは動力集中方式と連接台車を採用

ヨーロッパの高速列車の代表といえば、フランスのTGVである。長い間、世界最速の座を保っていた営業最高速度は2008年8月に中国の時速350キロに抜かれたものの、2007年4月3日に行なわれたTGV東ヨーロッパ線における試験走行で鉄輪・鉄レール方式での世界最速記録時速574・8キロを樹立している。

このTGVは、日本の東海道新幹線の成功に刺激を受けて開発されたものだが、その基本的な設計思想である動力集中（機関車）方式と連接台車は、日本の新幹線には使用されていない。

ＴＧＶの動力集中方式とは、電気機関車を列車の両端に配置し中間部を客車群としている両端動力車方式のことである。一方、日本の新幹線は、東海道新幹線以来ずっと動力分散（電車）方式を採用している。これは、動力となるモーターが列車全体の床下に分散している列車のことである。

従来ヨーロッパの高速列車は、ＴＧＶやＩＣＥ1に代表されるように動力集中方式が多かったが、最近の傾向では、動力分散方式のメリットが認識されてきているため、ドイツのＩＣＥ3が登場して以降、ヨーロッパでも動力分散方式が増えてきている。

この動力分散方式は、①電気機関車がついていないので軸重を軽くすることができ、軌道や路盤への負担が少なく騒音が減少する。②高加速と高減速性能を持っており、急勾配でも上り下りできるとともに、いろいろな停車駅パターンに対応が可能である。③両端が電気機関車でないので、その部分にも乗客を乗せることができ、列車単位長あたりの定員が多くなる。④回生ブレーキ（減速時にモーターを逆回転し、発電した電気を架線に返すことができる）を採用する場合はブレーキ使用の効率がよいうえ、機械ブレーキの保守が減少するなど多くのメリットがある。

ドイツはいち早く動力分散方式の高速電車ＩＣＥ3を開発し、ヴェラロ（Velaro）という製品

TGVが採用している連接台車（撮影：M・K）

名で国外へも売り込みを行なっている。スペインのAVE S103やロシアのサプサン、中国のCRH3がその例で、さらには次世代の新型ユーロスターにもEurostar 320としてヴェラロ e320が採用されることになった。

このため動力集中方式をかたくなに守ってきたフランスでも動力分散方式の高速電車AGV（Automotrice à Grande Vitesse）の開発を進めている。さらに中国では新規の高速列車をすべて動力分散方式にしているので、今後は動力分散方式が世界の主流になるだろう。

次にTGVと新幹線電車が大きく違うのは、TGVが連接台車を使用していることである。この連接台車とは、客車ごとに独立した台車ではなく、隣りあう客車2両の連結部分を1台車で支える方式の台車である。

連接台車のメリットとして、①乗り心地の良さと安定性、②台車を少なくすることによるコスト低減、③編成あたりの台車数が少なくなるので全体としての軽量化が挙げられる。一方、デメリットとして、①編成の組替えが困難、②保守に手間がかかる、③１車両分の重量を１台車で支持するので、軸重軽減のため車両長を短くする必要があり、乗車定員が少なくなる点がある。

ＴＧＶの系列である国際高速列車のユーロスターやタリス、韓国のＫＴＸ（Korea Train Express）も連接台車を採用している。しかしながら、アメリカのアセラ・エクスプレス（Acela Express）は、ＴＧＶ系列ではあるけれども通常の台車を使用している。

ヨーロッパで高速列車に乗車する時、日本の新幹線とどのように車両が違うのか、先頭の電気機関車の有無や客車の台車をホームから観察することをおすすめする。（Ａ・Ｙ）

パワー比べ、日本VSヨーロッパ各国の強力機関車

「日本を代表する電気機関車」と言えばいろいろな答えが返ってくるかと思うが、おそらく一番多い回答は、ブルートレインや高速貨物列車の先頭に立ち、西へ東へと大車輪の活躍をしてきた、ＥＦ66型と答えるのではないだろうか。この機関車が世に誕生した昭和40年代当時、狭軌の直流

1・5キロボルト用機関車としては世界最高の性能である定格3900キロワットの出力は、いまだにその輝きを失っていない。最高速度も時速110キロを誇る。ブルートレインの廃止や新世代機関車の投入などにより、若干数は減らしたが、現在も貨物列車牽引の主力として活躍を続けている。

一方、新世代の機関車では、平成2年（1990）にVVVFインバータ制御を採用したEF200型が誕生、機関車単体での最高出力は、ついにEF66型機関車の約1・5倍となる定格出力6000キロワットに達するが、地上側変電所の能力が耐えられず、結局EF66型と同程度に出力を落として運用している。

平成22年にはJR東日本が、ブルートレイン牽引用としてJR貨物で開発されたEF510型を購入、現在は寝台特急の「北斗星」や「カシオペア」の先頭に立って活躍している。こちらは現場の実情に合わせて最適な性能としたため、華やかな運用の反面、前の2車種と比べると突出して目立った性能というわけではない。

さて、ヨーロッパにも多くの「名機」と呼ばれる機関車がいる。架線電圧や線路幅などが違うため、単純なスペックの違いで優劣を付けることはできないが、これらをわが国の誇る高性能機関車と比較してみようと思う。

トップバッターは、やはりこの機関車をおいて他にはいまい。1960年代後半に当時のドイツ連邦鉄道が計画した、特急TEEとF―Zugの時速200キロ運行を実現するために登場した、至高の特急用電気機関車103型だ。

1965年に試作車が誕生した後、1970年から量産を開始、最終的には145両が製造された。最高速度は時速200キロ、定格出力は実に7440キロワットに達した。103型は、当初の計画通りTEEやF―Zug、のちのECやIC、また時には貨物列車やローカル列車までを牽引して、ドイツ国内を縦横に駆け巡り活躍を続けたが、後継の101型が誕生したことにより、現在は保存機を除いて引退している。

フランスからは、CC6500型とCC21000型にご登場願おう。ドイツの103型とともに、日本でも有名な機関車のうちの一つだ。

CC6500型は、やはりTEEの時速200キロ運行を行なうために開発された機関車で、同時期に登場したCC21000型はその交直流バージョンである。

卵形の流線形をした103型とは対照的に、CC6500型の独特な稲妻形をした前面デザインはゲンコツ形と呼ばれ、鮮やかな赤い塗装と共に多くのファンを魅了した。定格出力は103

型に一歩譲るが、それでも5900キロワットに達し、最高速度は同じく時速200キロ。

CC21000型は、電源方式を除いてほぼCC6500型と同じで、もともとはスイス方面のTEEを牽引するためだけに開発された。わずか4両しか製造されなかったが、のちに2両がその性能を生かしてTGV開発テストに用いられた。

両機ともギヤ比を高速・低速用に変更できるのが特徴で、最高速度を半分の時速100キロとする代わりに牽引力を増し、貨物用として運行することができるのも特徴だ。やはり、TGVや新型機関車の台頭により活躍の場を失い、現在は保存機を除いて引退した。

ドイツ、フランスとも、その後に誕生した新型機関車はいずれも高性能であるが、単純なスペックだけで見れば、これら「名機」と呼ばれた機関車と比べると、いささかおとなしい印象を受ける。これは、スペック重視の過剰な高性能化より適切な性能が望ましいこと、また、そもそもこれらの機関車が牽引してきた高速旅客列車は、大半がICEやTGVといった高速列車に置き換えられてしまったことも少なからず影響しているであろう。

さて、ここでついに真打ちにご登場願おう。アルプスをはじめとした山脈に囲まれ、多くの山岳路線を有するスイスには、昔から強力な機関車が活躍してきたが、中でも別格に強力なのが1

世界最高出力を誇る電気機関車、スイスのRe620型（撮影：H・T）

976年に登場したRe6／6型、形式称号変更後の現Re620型である。急勾配が各所に存在するアルプス越えのルートで、26パーミルの勾配で800トンの貨物列車を引き出し牽引できる性能を有し、最高速度こそ時速140キロであるが、定格出力は実に7900キロワットに達する。これは単車体の機関車としては、世界最高の出力である。

のちの主力機関車となる新型機関車Re460型は、当初貨物列車の牽引にも従事し、Re620型に取って代わられると思われていたが、これらはまもなく高速旅客列車の牽引を中心に使用されるようになり、峠の主役は再びRe620型となった。現在も、ゴッタルド峠など急勾配が点在する峠路線で旅客列車を牽引するとともに、他の機関車と重連で長大な貨物列車を牽引している。

ドイツ	フランス	スイス	オーストリア
BR103	CC6500/CC21000	Re6/6(Re620)	1216
200	200	140	230
7400kW	5900kW	7900kW	6400kW
交流15kV	直流1.5kV ※2	交流15kV	交流15Kv/25Kv/直流3kV

※2　CC21000型は、直流1.5kV/交流25kVの2電源方式

オーストリアにも、世界最高記録を保持した機関車がいる。「タウルス」の愛称で親しまれる、最新鋭の１２１６型だ。

この機関車を有名にしたのは、何といっても電気機関車による世界最高速度記録（ここでいう機関車は汎用タイプのものであり、ＴＧＶやＩＣＥなど専用の客車と固定編成を組むものは除く）だろう。もともとの性能も最高速度時速２３０キロ、最高出力６４００キロワットとかなり強力だが、２００６年９月に行なわれたこの世界最高速度記録への挑戦では、特別に改造された１２１６型０５０号機が使用され、時速３５７キロを記録、１９５５年にフランスのＢＢ９００４が記録した時速３３１キロを51年ぶりに塗り替える快挙だった。

線路の幅や国土の状況など、異なる部分が多い我が国と欧州の鉄道に優劣は付けられないが、技術者達は常にその国土での最適な車両の開発を目指し、日々研究を重ねている。特にヨーロッパでは近年、ＥＵ（欧州連合）の発足によりものの流れも活発となり、これまでのような自国産というこだわりが薄れ、

●日本とヨーロッパのおもな電気機関車性能比較表

	日本		
	EF66	EF200	EF210
最高速度	110	120（営業最高は110）	110
最高出力	3900kW	6000kW※1	3360kW
電化方式	直流1.5kV	直流1.5kV	直流1.5kV

※1　地上設備が整っていないため、最高出力を7割程度にして運転

鉄道車両においても近隣諸国のメーカーから自由に車両を調達できるようになった。鉄道会社は、より高性能で最適な価格の車両を提供してくれるメーカーから調達するようになったが、その影響で体力のないメーカーは次々と淘汰され、大メーカーに吸収された。

ヨーロッパの個性的な機関車は、これまでこうした多くの個性的なメーカーから生み出されてきたが、「三大メーカー（ボンバルディア、シーメンス、アルストム）」と呼ばれるところ以外はほとんどが消滅、車両もレディーメイドの既製品が溢れ、外見も中身もすっかり個性が減ってしまったことは残念でならない。

（H・T）

腕木式信号機のおもしろい相違

昔の鉄道信号機に腕木式信号機というものがある。赤や緑といった色で列車の進行を制御するのではなく、信号機から飛び出た横棒が停止や進行を示すのだ。木を腕に見立てて腕木式というわけだが、タブレット（注）とともにクラシックな鉄道情景の見本であった。

この腕木式だが、停止のとき腕木が横になるのは、手で車両を停めようと合図をするときにもジェスチャーとして自然な動作であるから理解できるし、万国共通である。ところが進行を示すときは、2つに分かれるからおもしろい。

日本で長らく見られた情景としては、進行を示す際に腕木が「斜め下」に下がるというものだ。これ以外の表示方法は知らなかったから、ドイツの腕木式信号機を見たときには驚いた。何と、日本とは反対に、「斜め上」に上げるというやりかただったからだ。最初は、鉄道模型のレイアウトで知り、後にドイツを旅したときに現物を見て納得したわけだが、考えてみればドイツ式の合理性に裏付けられた方式だと思った。

ドイツの腕木式信号機。腕木が「斜め上」なので進行を示す（撮影：Ｈ・Ｔ）

どんな理由にせよ、機械というものは故障することがある。信号機だって不具合が生じることがあり、作動しなくなった場合、重さのあるものは重力の法則にしたがって垂れ下がるのである。腕木式信号機だって故障することがあるだろう。その場合、日本式では腕木が垂れ下がってしまえば、故障で垂れ下がっているのか、進行を示しているのかは、一瞬では判別が付かないこともあろう。よく見れば分かるにしても、スピードを出して走行中に運転士が判別するのは困難なこともあるのではないか。だから、進行表示は「斜め上」と決めていれば、下がっているのは故障だと分かる。ドイツ式の方が優れているのではないか。

こんなことを、かなり前に、ドイツの鉄道を紹介するエッセイの中で書いたことがあった。すると、拙稿を読んだという鉄道関係者からお手紙をいただいた。大変丁寧な物言いで親切な手紙であったが、腕木式信号機に関して、故障で垂れ下がるなどというバカなことは断じてありません、ということだった。その道の専門家でもない一鉄道ファンが書いた駄文なので、笑ってすませればよいものを、親切にご教示してくださったわけだが、事故というものはありえない状況

右ページと同じ腕木式信号機。腕木が横の位置にあるので、停止を示す（撮影：H・T）

で起こるものである。

やはり、万一のことを考えて上斜めの表示にしたドイツのほうが合理的であると思うのは、間違ってはいないと今でも思っている。まさか、ナチ式敬礼を連想させるので、ドイツで愛用されたなどということはないとは思うけれど。

いずれにせよ、今日では歴史的鉄道遺産のような設備になってしまい、通常の鉄道では、なかなか見られない代物である。


（N・T）

（注）▼タブレット……単線区間で正面衝突を防ぐために、運転士が駅で受け渡しする「通行手形」のようなもの。

おわりに

鉄道ブームが言われて久しい。この間数多くの鉄道関連の書籍、雑誌の特集記事、テレビ番組、DVDが世に出て話題となっている。それにつれて、「テツ」と呼ばれる鉄道ファンも増殖し、女性のファンも珍しくはなくなった。普段は鉄道とは無縁のメディアも鉄道のトピックを取り上げるようになり、そのせいか、あまり鉄道に関心を持たない人々でさえ、鉄道に目を向ける機会が増えているようだ。

ところが、その話題の中心は、日本国内の鉄道に偏重しているように思われる。確かに、国内の各鉄道会社が、一般国民にアピールするような特色あるデザインやインテリアの列車を続々と登場させたり、マスコミの注目を浴びるようなイベントを矢継ぎ早に開催していることが影響しているかもしれない。

しかし、それに踊っている（踊らされている）ファンの気質が、百年一日のごとく国内偏重から抜け出せていないことも主因である。同じ鉄道であるのに、海外の鉄道というだけで、アレルギー反応を起こし毛嫌いする。大井川鐵道のタイ塗装の蒸気機関車を国内のものではないというだけで嫌い、かつてJR線上を走ったオリエント急行の客車に興味を示さなかった鉄道ファン。ちょっと偏狭すぎるのではないだろうか。

その一方で、ヨーロッパの鉄道に関心を寄せ、実際に何度も現地に足を運ぶ人々もいる。比較的年齢の高い余裕のある人たちであるが、女性が多いのが特徴である。何度か、ヨーロッパ鉄道旅行入門講座を開いた経験から言うと、受講者の半数は、旅好きの中高年の女性である。

彼女たちは、マニアックな鉄道知識はないものの、車窓の見どころ、車内のインテリア、食堂車や寝台車での過ごし方などに興味を持っている。また、実際に利用する高速列車や観光列車についての実用的な知識も深めようとしている。グローバル化の時代にあって、国境を越えて鉄道旅行を楽しもうという気持ちは心強いばかりである。

こうした積極的な姿勢を、ぜひ多くの鉄道ファン、とりわけ若いファンには持ってもらいたいと思う。何も外国かぶれになれとそそのかすのではなく、わが国の鉄道の健全な発展のためにも、幅広い知識や体験が生きてくると思うからである。その足がかりとして、ささやかな本書がお役に立てれば幸いである。

海外鉄道サロン　野田　隆

●海外鉄道サロン　メンバーリスト（順不同）

秋山芳弘＝A・Y
1953年岡山県生まれ。（社）海外鉄道技術協力協会所属。海外鉄道サロン代表。

原口隆行＝H・R
1938年東京都生まれ。フリーランスライター。

野田　隆＝N・T
1952年愛知県生まれ。都立高校教諭を経て、現在フリーで執筆活動を行なう。日本旅行作家協会理事。

三浦一幹＝M・K
1960年東京都生まれ。ギャルリー「トラン・デュ・モンド」代表。　日本鉄道写真作家協会会員。

高橋　洋＝T・H
1961年静岡県生まれ。海外旅行ガイドブック、『世界の車窓からDVDブック』の執筆、編集に携わる。

杉浦　誠＝S・M
1962年愛知県生まれ。『鉄道ジャーナル』編集部を経て、現在はフリーの鉄道ライター。

橋爪智之＝H・T
1973年東京都生まれ。GTAジャパン　レイル課スーパーバイザー。日本旅行作家協会会員。

鹿野博規＝S・H
1976年千葉県生まれ。（株）ダイヤモンド・ビッグ社欧州鉄道担当。

海外鉄道サロン

「鉄道」をこよなく愛する同好の士が集まるグループ。鉄道写真家・三浦幹男氏（1931～2009年）と交遊があった関係者が集まり、2010年に結成。年齢構成は30～70代、また職業も作家、鉄道ジャーナリスト、海外鉄道書籍編集者、旅行エージェント、鉄道エンジニアなど多彩。海外の鉄道とのかかわりが多いため、最新の鉄道情報を定期的に交換している。

交通新聞社新書030

ヨーロッパおもしろ鉄道文化

ところ変われば鉄道も変わる

（定価はカバーに表示してあります）

2011年6月15日　第1刷発行

編　著――海外鉄道サロン

発行者――山根昌也

発行所――株式会社　交通新聞社

http://www.kotsu.co.jp/

〒102-0083　東京都千代田区麹町6-6

電話　東京（03）5216-3917（編集部）

東京（03）5216-3217（販売部）

印刷・製本―大日本印刷株式会社

ISBN978-4-330-21511-2

交通新聞社新書　好評既刊

元国鉄専務車掌で現役小学校教師の100講。
可愛い子には鉄道の旅を――6歳からのおとな講座
村山　茂／著
ISBN978-4-330-07209-8

かつて北海道に存在した「幻の鉄道」を自転車で踏破！
幻の北海道殖民軌道を訪ねる――還暦サラリーマン北の大地でペダルを漕ぐ
田沼建治／著
ISBN978-4-330-07309-5

古今東西32人の映画監督が使った駅の姿とは。
シネマの名匠と旅する「駅」――映画の中の駅と鉄道を見る
臼井幸彦／著
ISBN978-4-330-07409-2

懐かしきそれぞれの時代を記憶の中に永久保存。
ニッポン鉄道遺産――列車に栓抜きがあった頃
斉木実・米屋浩二／著
ISBN978-4-330-07509-9

オンリーワンの鉄道の国スイスと日本。
時刻表に見るスイスの鉄道――こんなに違う日本とスイス
大内雅博／著
ISBN978-4-330-07609-6

車両デザインが地域を変える！
水戸岡鋭治の「正しい」鉄道デザイン――私はなぜ九州新幹線に金箔を貼ったのか？
水戸岡鋭治／著
ISBN978-4-330-08709-2

戦後復興期から昭和の終焉まで。
昭和の車掌奮闘記――列車の中の昭和ニッポン史
坂本　衛／著
ISBN978-4-330-08809-9

ジャパニーズ・ドリーム――受け継がれた「夢」。
ゼロ戦から夢の超特急――小田急SE車世界新記録誕生秘話
青田　孝／著
ISBN978-4-330-10509-3

知られざるバックステージ――新幹線「納品」の真実。
新幹線、国道1号を走る――N700系陸送を支える男達の哲学
梅原淳・東良美季／著
ISBN978-4-330-10109-5

美味しい旅の香り――走るレストラン誕生から今日まで。
食堂車乗務員物語――あの頃、ご飯は石炭レンジで炊いていた
宇都宮照信／著
ISBN978-4-330-11009-7